信頼されるリーダーになるたった1つのこと

あなたのチームがうまくいかないのは「無意識」の思いこみのせいです

Unconscious Bias

守屋智敬
株式会社モリヤコンサルティング
代表取締役

大和書房

はじめに
結果の9割は「無意識」の自分が決めている

わたしたちは解釈の世界に生きています。

わたしたちが「知っている」こと、「わかっている」こと、「見えている世界」はすべて自分なりの解釈でつくり出されています。つまり、ほとんどが「知っているつもり」「わかっているつもり」「見えているつもり」のものでできあがっているのです。

人の解釈はそれぞれ違います。

そのため、同じものを見たり、聞いたりしても、お互いに違った印象が残ります。

さらに厄介なのは、わたしたちの解釈は、そのほとんどが「自分の都合」の良いように、曲げられているという点です。

こうした自分にとって都合の良い解釈は、「無意識」にできあがっています。

無意識は、わたしたちの言動、感情、コミュニケーションなどに、知らず知らずのうちに大きな影響をおよぼしています。

意図せずしてメンバーの心を傷つけてしまったことはありませんか？。

知らず知らずのうちに、お互いの関係が悪化してしまった経験はありませんか？

わたしはこれまで、研修講師として2万人をこえるリーダーの育成に携わってきたのですが、あるとき、クライアント企業の女性社員とこんな会話をしました。

女性　先日、上司に妊娠の報告をしたんです。
　そしたら開口一番、「仕事どうするの？」と言われたんです……
わたし　そうでしたか……
女性　「おめでとう！」の一言もなく悲しくて……

あなたはこの会話の意味するところがわかりますか？

上司は、決してその女性社員を傷つけたいと思っていたわけではありません。しかし、無意識のうちに、その女性社員の幸せに共感することよりも、「今後の仕事」のほうが気になってしまい、結果として相手を傷つけてしまったのです。

どんな人も、自分なりに「よかれ」と思って日々行動しています。

しかし、それが裏目に出てしまうことも多々あります。それはなぜでしょうか？

この原因が、本書のテーマである「アンコンシャス・バイアス」です。

「無意識の思いこみ」「無意識のとらわれ」「無意識の偏見」などと訳されていますが、本書でお伝えしていくこのアンコンシャス・バイアスをわたしたちはみなもっています。

どのような思いこみをもっているか？
どのようなとらわれがあるのか？
これらが、何にどのような影響をおよぼしているのか？

「わたしにも、アンコンシャス・バイアスがあるかもしれない」と気づくきっかけになればと思っています。

リーダーは、メンバーに大きな影響力をもっています。

リーダーとして「自分にも思いこみがある」と気づけるかどうかは、組織の発展や、成果を生みだすためには、とても重要なことです。

本書では、リーダーに伝えたい「無意識の影響」について、かなりのページをさいています。リーダーが、こうした無意識の自分を知ること、それが組織に悪影響をもたらすことを知ることは、メンバーにとっても、リーダーにとっても大切なことだと思うのです。

リーダーの自己認知力は、組織の力を左右します。

2001年にGE（ゼネラル・エレクトリック）の経営から引退したジャック・ウェルチ氏は、メディアからの「あなたはなぜ20世紀最高の経営者といわれるようになったのですか？」という質問に対して、たった一言、「自己認知力の高さだ」と答えたそうです。

リーダーに必要なこの「自己認知力」を高めるにあたり、本書のテーマである「アンコンシャス・バイアス（無意識の思いこみ）」を知ることは、大いに役立つでしょう。

無意識の思いこみを、完全に払拭することは不可能です。無意識なので、気がつきにくいからです。しかし、周囲の反応や態度を見ていれば、今の言動が相手に良い影響を与えているのか、ネガティブな影響を与えているのかは、わかるようになります。

大切なことは、それに気がつき、意識できる範囲で、ちょっとでも変わろうとすることです。もっとも厄介なのは、変われないことではなく、リーダーが自ら変わろうとしないことです。

もし、あなたのまわりに「自分はもういい」と変わろうとしない人と、「なかなか変われないけど、変わろうと思う」と、自ら変わろうとがんばる人がいたら、どちらに共感するでしょうか？

完全に変われなくても、ほんの少し変わろうとすること。
意識のおきどころを変えること。

それが、自分にも相手にも良い結果を導くことにつながります。

本書を構成している章は、わたしがこれまで、相談をうけてきたものや、実際に現場でよく聞くリーダーの「悩み」をもとに、カテゴリ分けしています。

本書が、「メンバーがついていきたい」と思えるリーダーとなるためのヒントとなればうれしいです。

あなたのチームがうまくいかないのは「無意識」の思いこみのせいです
CONTENTS

序章 無意識の世界を知ることで、人も組織も変わる

第1章

価値観の違うメンバーと信頼関係を築く

「メンバーが理解できない」と嘆くリーダーへ

第2章

メンバーの価値を高める

「メンバーのやる気をひき出せない」と悩むリーダーへ

第3章

「ビジョンが実現できない」ともがくリーダーへ 無意識の壁を乗り越える

第4章 負のループから脱却する

「イノベーションを起こせない」と苦しむリーダーへ

第5章

「働き方を変えられない」と困惑するリーダーへ
メンバーの自律的成長を促す

終章　無意識に振り回されない組織をつくる

あなたの行動に潜《ひそ》んでいる〈アンコンシャス・バイアス〉チェックシート

本書を読み進める前に、次の文章を読んで、「ある」「そう思う」と思ったことにチェックをつけてみてください。なるべく「素直に」チェックをつけてみてください。

- □ 「あの人は理系だから」「この人は文系だから」というとらえ方をしたことがある
- □ 前例がないことには不安になる
- □ 会議で良いアイデアがうかんでも、発言しないことがある
- □ 上司にはなかなか「ノー」といえないことがある
- □ 定時に帰ろうとするメンバーにイラっとしたことがある
- □ 「最近の新入社員は」「今どきの若者は」と思ったことがある
- □ お茶出しは、女性がするものだと思う

- □ 食事代は男性が多く支払うべきだと思う
- □ 女性は「すぐ泣く」「よく泣く」と思う
- □ 車の運転は、男性のほうがうまいと思う
- □ 家事は女性がするものだと思う
- □ 「AB型は○○タイプだ」など、血液型で性格を判断することがある

チェックがたくさんついた方も、それほどつかなかった方もいるでしょう。

しかし、これらは誰にでもあることです。しかも、あなたにとっては「いつものこと」であっても、周りにとっては「不合理な言動」になる可能性があるものです。そして、あなたの「悩みの種」となって返ってくるものです。

「いったいどういうこと？」と疑問をもった方は、本書を読み進めていただければわかります。

序章

無意識の世界を知ることで、人も組織も変わる

01 誰もが無意識のうちに偏ったモノの見方をしている

まず質問から。

次のような日常をおくっている人がいます。あなたは、この人物に対して、どのようなイメージが浮かびますか?
性別、職業、年齢、家族構成など、できるだけ具体的に、素直に、直感にしたがってこの人物のイメージを頭に描いてみてください。

1日のスケジュール

6:00 ▶ 起床

6:30 ▶ 朝食の用意

7:00 ▶ 洗濯ものを干し、出かける準備

8:00 ▶ 仕事に出かける

18:00 ▶ 帰りがけに夕食の希望を家族にメールで確認
「何食べたい?」

19:00 ▶ スーパーに立ち寄って買い物

19:30 ▶ 帰宅して、夕食の用意

20:00 ▶ 夕食・団らん・後片づけ

21:30 ▶ 翌日の準備・洗濯ものをタイマー

22:00 ▶ 読書・日記（ひとり時間）

23:30 ▶ 就寝

さて、どのような人物像が思いうかびましたか？

よく聞く答えは、

「子どもがいそう」「働いている女性で、家庭と仕事とを両立していそう」です。


じつは、これ、わたしの1日のスケジュールです。

「47歳、男性、共働き夫婦、仕事は研修講師」

これが答えです。


この質問で何をお伝えしたかったかというと、**「わたしたちは知らず知らずのうちに、つい偏ったモノの見方をしていることがある」**ということです。

研修の場でこの質問をすると、

「朝食を用意したり、洗濯物を干したり、スーパーに立ち寄ったりする」

というスケジュールを目にした瞬間に、女性しかイメージできなかったといわれることが多いです。

わたしたちは自分でも気づかないうちに、過去の経験などを通して、「きっとこうだろう」と、信じこんでいることが多々あるのではないでしょうか。

ここでもう1つ、質問です。

あなたは、誰かに対して、「意外な一面を見た」と思った経験はありませんか？

多くの場合、その人に「意外な一面」があるわけではありません。そうそう人は突然変わることもありません。あなたが、その人に対して「そういう人だ」と思いこんでいたから、意外だと思っただけなのです。

このように、無意識のうちに偏ったモノの見方をしてしまうことを**「アンコンシャス・バイアス（unconscious bias）」**といいます。

一人ひとりの「違い」を大切にしながらチームや組織を導きたいと考えるリーダーは、自分のアンコンシャス・バイアスの存在とその影響力を知ることがとても大切です。

まとめ

過去の経験や知識が、偏ったモノの見方をつくりだしている

02 アンコンシャス・バイアスとは？

近年、ダイバーシティ推進の一環として、グーグルやジョンソン・エンド・ジョンソンなどをはじめ、多くの企業で、「アンコンシャス・バイアス（無意識の思いこみ）」をテーマとした研修・講演・ワークショップが実施され、ますます注目をあびるようになりました。

実例としてよく知られているのは、「男性だから」「女性だから」「理系だから」「文系だから」「関西出身だから」「ひとりっこだから」「AB型だから」といった**ステレオタイプな決めつけをしてしまうこと**でしょう。

この「アンコンシャス・バイアス」という言葉は、偏見だけでなく、もっと広い意味があります。たとえば「これまで成功し続けてきたわたしの判断は、常に正しい」といった成功体験や、「わたしは以前こんな失敗をした。だから今回もダメなはずだ」といった失敗経験のように、**過去にとらわれた言動もアンコンシャス・バイアス**の1つです。

さらに、「少しくらいの遅れなら問題ないだろう」「この程度のミスなら報告しなくても大丈夫だろう」といった、**慢心した考えをもってしまうのも、アンコンシャス・バイアス**なのです。

こうした考えや言動は、自分自身は「大きな問題ではない」と思ってのことだと思います。ところが、結果的に、メンバーを傷つけたり、状況判断を誤ってしまうということがしばしば起きるのです。

これは、脳が、「あれこれ考えることを避け、意識しなくても状況に対する判断を自動処理するようにできている」ことが大きく影響しています。脳がラクをしようとして、無意識のうちに勝手な判断をしてしまうのです。

メンバーがイキイキと働いていない、イノベーションがなかなか起きない、組織の風土改革が進まない…といったリーダーの悩みの原点に、こうしたアンコンシャス・バイアスが潜んでいます

まとめ

リーダーの抱える悩みの多くにアンコンシャス・バイアスは影響している

03 日常の行動は「無意識」の連続

「いっていることと、やっていることが違う」

よく耳にするセリフではないでしょうか？


なぜ口でいっていることと、やっていることに違いがでてくるのでしょうか？

それは、**日常の行動は、ほとんどが無意識によるものの連続だから**です。


たとえば、「有給休暇は、ぜひ積極的にとってほしい」と日頃からいっていても、いざ、お休みの申請があった日に、そのメンバーの不在をなんとなく不安に感じると、「申し訳ない。今回は、別の日に休みをふりかえてくれないか？」と、ついいってしまう。

あるいは「この仕事は君に任せる」と権限委譲の宣言をしたのに、小さなミスを発見したとたんに不安になり、「やっぱり、この仕事はわたしがやる」とつい引き取ってしまうというケースです。

わたしたちの日常は、主観にあふれていて、感情的で、これといった理由もなく無意識のうちに行動していることのほうが多いのです。

そして、無意識の行動のほとんどは、自分のことを優先しているため、結果として、相手にとっては不快な行動をとっているように見えるのです。しかも、いったことを信じていたのに、と裏切られた感覚まで残ってしまうこともあります。

この2つのケースに共通しているのは無意識のうちに生じた「なんとなく不安」という感情です。自分も相手も、無意識が現実を左右しているのです。

ここで大切なのは、相手に残念な思いをさせてしまっているのは、自分の日常のなかにある無意識の行動が要因である、と知ることだといえるでしょう。

また、本書でとりあげている事例をヒントに、あなたの「無意識」に光をあててみてください。きっと、数多くの発見があるはずです。

まとめ

自分の無意識の行動が相手に残念な結果をもたらす場合があることを知る

04 「裸の王さま」になっていませんか？

アンデルセンの有名な童話「裸の王さま」は、誰もがもつ心理と行動について、学びにあふれた物語です。

新しい服が大好きな王さまのもとに、ある日、「バカには見えない服をつくります」と、服の仕立屋がやってきます。家来も、王さまも、洋服が実際には見えていないにもかかわらず、バカだと思われたくないがために、「良いでき栄えだ！」と大絶賛。その洋服が完成し、パレードを開催することに。集まった国民もバカと思われたくないと、大絶賛。ここで、沿道にいた子どもが「王さまは裸だよ！」と指摘します。「ホントだ、王さまは裸だ！」とざわめきが広がるなか、王さまは最後まで裸のままでパレードを続けるという寓話です。

王さまも、家来も、国民も、「バカだと思われたくない」という自己防衛心により、まわりにも、自分にも、ウソをついてしまったのです。まさに、**「自分のやっていることに気づいていない」というアンコンシャス・バイアスの怖さ**です。

「その考え方は間違っていますよ」「そのモノの見方は違うのでは？」と、思っていても、相手に伝えられなかったという経験はありませんか？

「やることなすこと、すべてうまくいっている」と思っていても、そう思っているのはあなただけ。まわりは、上下関係や、利害関係に配慮して、「あなたは裸の王さまになっていますよ」と、真実を伝えてくれる人がいなくなっている可能性はないでしょうか。

気づいていない自分に気づこうとすることが、アンコンシャス・バイアスに振り回されないためにはとても大切です。

まとめ

気づいていない自分に気づくことが大切

05 「相手に譲ると損をする」という思いこみ

わたしたちがとらわれやすいアンコンシャス・バイアスの例をあげておきましょう。それは**「どうしても相手に譲れない」と思いこんでしまうバイアス**です。

リーダーとメンバーの意見が衝突したとしましょう。本来なら、お互いの意見をぶつけあったうえで、合意できるところを探せば良いはずです。

ところが、そうはならないことが多々あります。

それは、「譲るとなめられる」「簡単に譲歩すると中身のないヤツと思われる」「バカにされたくない」「自分のほうが正しいに決まっている」「負けられない」などといった感覚が強まり、徐々にやりとりが感情的にエスカレートしていくケースです。結果的に、必要以上に険悪な関係になってしまうこともあるでしょう。

これは「限定パイの法則」と呼ばれるアンコンシャス・バイアスです。**限定パイの法則とは、無意識のうちに「大きさの決まっているパイをとり合っている」かのような錯覚にとらわれるバイアス**です。

無意識のうちに「譲歩する＝自分の取り分が減る」という感覚が強まり、必要以上に「絶対に譲れない」「負けられない」と思いこんでしまうのです。もし、リーダー、メンバーの双方がこのアンコンシャス・バイアスにとらわれ、お互いに「絶対に譲れない」と決めてしまったら、人間関係が悪くなるだけで、メリットは何ひとつありません。

現実には奪い合うものなどなにもありません。

冷静に考えれば「何を競っていたんだろう」「どうして意地を張ってしまったんだろう」とすぐわかるはずです。しかし、会話の流れのなかで、とっさに自分を守ろうとするアンコンシャス・バイアスがはたらき、わからなくなってしまうのです。

奪い合いは、お互いの不快しかうみません。このバイアスは、チームで成果を生み出す妨げになってしまうのです。

まとめ
奪い合いからは何もうまれない
自分が絶対に譲れないことなのか考えよう

06 「わたしは関係ない」と思ってしまう理由

アンコンシャス・バイアスには、さまざまなものがありますが、その正体は同じです。

アンコンシャス・バイアスの正体は、脳による「自己防衛心」です。

自己防衛心とは「できるだけ自分が安全と思われるところにいたい」という、人が本能的にもつ心理です。これ自体は、決してネガティブなものではありません。

しかし、自己防衛心が強くなると、「自分にとって都合のいい考えや事実」を守ろうとしたり、「正しいと思ってきたこと」「自分の立ち位置」「安心できる環境」を守ろうとしたりします。

そのため、反射的に「変わるまい」「変わらない」「自分は正しい」という姿勢を固持してしまうのです。「裸の王さま」はその最たる事例です。

たとえば、責任を追求されそうになった瞬間「それはわたしのせいではない」といってしまったり、窮地に追いこまれて「わたしは関係ない」と、とっさの言い訳ばかりが口から飛び出してきたりしたことはないでしょうか。これは自己防衛そのものです。

また、メンバーのやり方が気に入らないと思った瞬間「そんなのはダメだ」「普通はそうしない」などと、メンバーの考えを真っ向から否定して、相手のモチベーションを下げてしまったり、成長の機会を奪ってしまうのも、自己防衛心からくるものです。

こうした経験は、誰もが一度はしているのではないでしょうか。

冷静になれば「なぜ、あんなことをいってしまったのだろう」と思えるようなことでも、無意識の世界では衝動的に「つい」やってしまうことがあります。

この無意識の自己防衛こそが、アンコンシャス・バイアスの正体なのです。

まとめ

自分を「守ろう」「変わるまい」とする自己防衛心がアンコンシャス・バイアスの正体

07 自己防衛心はメンバーにも連鎖する

リーダーが自己防衛心を強めると、メンバーにも自己防衛心がうまれます。

たとえば、組織の成果が上がらないことをメンバーのせいにしてしまうと、メンバーも自分を守るために、やたらと言い訳をしたり、ただ謝るだけで「ではどうするか」を考えなくなってしまったりするのです。

リーダーが「わたしは悪くない」と自己正当化すればするほど、メンバーも「わたしだって悪くない」と言い訳の応酬を始めてしまうのです。

「言い訳ばかりするな」と強くいっても、お互いに正当性を主張しているときはどうすることもできません。

こういうときほど、「この問題が起きたのは、わたしの伝え方が悪かったからだね」とか「普段から、君のことを気にかけていなかったからだね」と、**リーダーのほうから自己防衛の言動をやめることが大切です**。

すると、メンバーも「いいえ、わたしのやり方がまずかったんです」と自己防衛の言動をやめるようになります。多少の個人差はあると思いますが、こうなればようやく冷静に建設的な話ができるようになるでしょう。

いったん、お互いの自己防衛のための言動をやめたうえで「さて、今後どうしようか」という問いを始めてみてください。

次の一歩を踏み出すことのほうが大切です。

リーダーは、メンバーの心理状態に意識して気をつかってみてください。

安心して話ができる関係性だろうか？　安心して何でも話せる職場だろうか？　と。

まとめ

「自己防衛の言動」をしないよう心がける

08 脳はすべてを意識することはできない？

問題です。

「器に豆が10個入っています。まず1個の豆を取り出します。続いて、2個の豆を取り出します。最後に、1個の豆を取り出します」

ここからは前の文章を隠して読んでください。

「先ほどの問題で『豆』という単語は何回出てきましたか？」

どうでしょうか。みなさんは豆が何個器に残っているかを数えていませんでしたか？

あるいは何回豆を器から取り出したかを数えていませんでしたか？

人は、ある部分に意識を集中すると、他の情報は目の前にあっても、まったく見えない状態に陥ります。これを、**「心理的盲点」**といいます。

脳はすべての情報を意識したり、覚えたりすることはできません。もう少し正確にいうと、覚えてはいるのですが、脳が勝手に「その情報は不要」と判断して無意識の隅に追いやってしまい、思い出せなくなるのです。

じつは、この機能のおかげで、効率的に物事を判断して動くことができます。しかし、その一方で、大切なことに気がつかなくなってしまうのです。

リーダーは、**メンバーの行動がもたらす「結果」に意識が集中しやすい立場です。そのため、メンバーの感情が無視されてしまうということがしばしば起こります。**また、無意識のうちに自分の都合や自分の感情に振り回されて、大切なことを見落としてしまうということもあるでしょう。

心理的盲点を完全になくすことはできません。

大切なのは「何に意識をおくか？」を日頃から決めておくことです。結果ばかりが気になるのであれば、意識して「感情」「表情」を見るようにすると良いでしょう。

まとめ
「何に意識をおくか？」でモノの見方は変わる

09 変化を妨げる3つのアンコンシャス・バイアス

わたしたちは無意識のうちに「わたしは大丈夫」「他の人もやっているから大丈夫」などと思いこんで行動することがあります。このことは、おもに社会心理学、防災心理学などの分野で深く研究されてきたテーマですが、そのいくつかは、変化を妨げるアンコンシャス・バイアスにもなりえます。代表的なものを3つご紹介しましょう。

・集団同調性バイアス

言葉のとおり、集団の行動に同調してしまうバイアスです。「赤信号、みんなで渡れば、こわくない」「他の会社だって同じことをやっている」「先輩もやっている」「この業界はそういうものだ」という思いこみによって、その行動に追随し、やがて変化に鈍感になってしまいます。

・正常性バイアス

すぐに対応しなければならないような緊急事態に直面しても、自分にとって都合の悪い情報には目を瞑《つぶ》り、直面しているものごとを過小評価して、「このままで大丈夫だ」「まだ平気だ」と思いこんでしまうバイアスです。

・エキスパートエラー

エキスパート（専門家）や権威ある人の言葉にとらわれて、盲信してしまうバイアスです。「あの人がいっているのだから、間違いない」と、真偽のほどを確かめることなくうのみにしてしまいます。

これらのバイアスがやっかいなのは、無意識のうちに生じてしまうところです。

わたしたちにできるのは「自分もこうしたバイアスにとらわれているかもしれない」ということを知っておくことです。変化に気づけず、理不尽な行動をすることがあると自覚しておけば、その影響を受けにくくなる可能性が高まります。

まとめ

アンコンシャス・バイアスによって急な変化に対応できなかったり、理不尽な行動をとってしまうことがある

10 無意識の思いこみに振り回されないために

アンコンシャス・バイアスは、自分では気づきにくいものです。自分の言動の何かが、メンバーを不快にしていたとしても、それをすべて把握することはできないし、すべてを回避することも不可能です。

このことを確認するために、簡単な質問を2つ。

> ①過去、あなたが誰かに対して、イヤな思いをさせてしまったと反省している出来事をできるだけたくさん思い出してください

いくつ思い出せましたか？

では2つ目の質問です。

②過去に、誰かの言動にイヤな気持ちになったり、イライラしたり落ちこんだりなど、あなたが不快に感じた出来事を思い出してください

今度は、いくつ思い出せましたか？　多くの人が、1つ目は、ほとんど思い出せないのに、2つ目は、次から次へと、小さいことでも、古いことでも、たくさん思いつくのではないでしょうか。リーダー研修でも2つ目は大いに盛り上がりますが、1つ目は思い出せないと苦笑しあう受講者をよくみかけます。あなたはどうでしたか？

つまり、**自分が不快に感じたことは気づきやすく記憶にも残るのに、メンバーを不快にさせたことは、気がついていないか、覚えていないものなのです**。

知らず知らずのうちに裏目に出ないようにするには、「アンコンシャス・バイアスに気づけない自分がいる」という現実を受け入れることが大切です。

その姿勢をもつだけで、アンコンシャス・バイアスに振り回されない状態に一歩前進です。

まとめ
「相手を不快にしたことに気づくことは難しい」と受け入れることから始める

11 「誰もが無意識にとらわれている」ことを知る

「アンコンシャス・バイアスをなくすにはどうすればいいですか？」

ときおり、このような相談をうけることがあります。この質問をしたい気持ちはわかりますが、アンコンシャス・バイアスを完全になくすことは不可能です。

ただし、できることはあります。

それは**「誰もが無意識にとらわれている」ということを知るということ**です。

自分だけではなく、メンバーも、リーダーも、経営者も、家族も、誰もが無意識のうちに偏った思考、行動をとっています。このことを知って、相手のせいにせず、まずは自分から認めることです。

そして、メンバーの表情や反応、チームの雰囲気をよく観察してみましょう。

そこに変化はないでしょうか。「最近、口数が減った気がする」「なんだか表情が暗いメンバーがいる」「なぜか目を合わせてくれない」「雑談をしないのはなぜだろう」といったように、チームの雰囲気に変化が感じられないでしょうか。ひょっとすると、あなたのアンコンシャス・バイアスが、メンバーにネガティブな影響をおよぼしているのかもしれません。そんなときは、心当たりを振り返ってください。

ある管理職研修でこう解説したところ、受講者から「そんな面倒なことはしたくない」「そこまで気をつかったらメンバーが甘える」「上司の威厳がなくなる」「本当にわたしが悪いのですか」という声がありました。

あなたはどう思われるでしょうか。

どこまで歩み寄るかはリーダー次第です。しかし、メンバーの変化をやり過ごすか、少しでも変化を感じたら歩み寄るか、どちらがお互いの関係性を良くするか、チームの状態が良くなるかは、おのずとわかるのではないでしょうか。

リーダーにとってなくてはならない、もっとも大切なものはメンバーなのですから。

まとめ

リーダーの無意識がチームに与える悪影響を認める

12 「こうすると失敗する」に着眼する

「アンコンシャス・バイアスがあることはわかりました。では、うまくつきあうコツはないですか?」

アンコンシャス・バイアスを解説していると、こう質問されることもあります。

アンコンシャス・バイアスに対処するうえで大切なのは「こうすればうまくいく」ということより、**「こうすると失敗する」という点に意識をむけること**です。

車の運転を例にあげてみましょう。

運転免許証をおもちの方は、更新の際に受ける講習を思い出してください。

その内容は、ほぼすべて危険運転についてではないでしょうか。これは危険運転について詳しく知れば知るほど、安全運転ができるようになるからなのです。
自動車の運転は、とっさの判断と行動の連続です。つまり、運転中は、多くのことを無意識に判断して運転しています。具体的には、車間距離確認、前方注意、巻きこみ確認のような「危険」を回避する行動をとることで無事に目的地まで到着できるのです。

アンコンシャス・バイアスも、車の運転と同じです。
「こうすると失敗する」「今の発言は、わたしのアンコンシャス・バイアスではないだろうか?」「相手を不快にさせていないだろうか?」ということに意識をむけるようにしてみてください。

どうなってしまうと、良くない結果が出たり、裏目に出たりするのかに意識をむけてみてください。
そして「わたしのアンコンシャス・バイアスだった」と気づくことができたら、「わたしは、○○に関連したことに、無意識のうちに思いこみを抱く傾向があるんだな」などとメモをとってみることをおすすめします。もしかしたら、共通点や傾向値がみつかるかもしれません。

まとめ
どういった時に思いこみを抱くか考えてみる

13 本音は相手にきいてみないとわからない

わたしたちは問題がおきたとき「なぜ、こうなったのか？」と、問題の原因を考えてしまいがちです。しかしアンコンシャス・バイアスによっておきた問題は「無意識の思いこみ」や「無意識の偏見」が原因ですから、「なぜ？」を考えても意味がありません。

「キミのことを思ってアドバイスをしたのに、なぜ逆ギレされたのか」
「なぜ、泣くんだろう。泣かせるようなことをいったつもりはないのに」

このように「なぜ」を問い続けたところで、アンコンシャス・バイアスによってひきおこされた問題の原因はわからないでしょう。ただ、ここで大切なのは、メンバーの表情の変化に気づいたうえで、**できるだけ素早く「ではどうするか？」を問い、行動する**

ことです。

たとえば、こんな経験はないでしょうか？

「話しているうちに、みるみる相手の顔色が悪くなる」

「相手の表情がくもったり、口数が急に少なくなる」

「メンバーが目を合わせなくなり、うつむいてしまう」

これらは代表的な表情の変化です。もし、相手の感情が変わったことに気づき、「なぜ？」と思ったときには、「これって、わたしのアンコンシャス・バイアス？」という言葉を思い出してください。

そしてまず「そんな表情にさせてしまって申し訳ない」と伝え、メンバーにこうきいてみましょう。

「わたしの思いこみや、よかれと思って伝えた言葉が、キミを傷つけたような気がするので、今の気持ちを教えてほしい」

まとめ

「なぜ」と問うのではなく
「ではどうするか」を問う

14 メンバーの表情や態度が教えてくれること

アンコンシャス・バイアスに対処するには、「ついやってしまった」と気づいたときにどうするかが、とても大切です。なぜなら、「ついやってしまう」ことのほうが圧倒的に多いからです。

「ついやってしまった」ときのサインがあらわれるのは、メンバーの表情や態度です。わかりづらい場合もありますが、気をつけて見ていれば、彼らが「不快」に感じている様子に気づけるケースは少なくありません。そのときは、すかさず「不快な思いをさせてしまって、申し訳ない」と謝るようにしましょう。

しばらく経ってから「あのときは申し訳なかった」というより、なるべく早く「さっきは申し訳なかった」と伝えるほうが、傷は浅く済みます。時間がたてばたつほど、謝りづらくなり、メンバーの不快感も増すものです。

負の連鎖がおきる前に対処しておきましょう。

もしかしたら、この項目を読んで「どうしてこちらが謝らなければいけないのか」と思った方がおられるかもしれませんが、**ともにチームを組むメンバーの不快を解消することが、リーダーのもっとも大切なつとめ**です。チームは正しさを競う場ではありません。

「アンコンシャス・バイアス」という言葉をはじめて目にした方も多いと思います。

この本を読みおえたときから、「これって、わたしのアンコンシャス・バイアス？」と自分に問いかけるシーンが幾度となくでてくることでしょう。

その具体的な手がかりとなるのが、相手の「表情」「しぐさ」「声のトーン」「目線」などのちょっとした変化です。その変化を気にかけることが、あなたが自分のアンコンシャス・バイアスに気づく第一歩になるでしょう。

まとめ

メンバーの「見た目」の変化に敏感になろう

15「スタンス」を変えるところから始める

アンコンシャス・バイアスの存在を知り、いくら気をつけようと心がけても、「つい自分の考えをおしつけてしまった」「つい理不尽な弁解をしてしまった」「つい自分の正当性を主張してしまった」といった「つい」を完璧に防ぐことはできないでしょう。

「無意識の思いこみ」に気づき、言動を変えるのは難しいものです。「自分はこういう性分だから仕方ない」「理想と現実は違う」と、言い訳したくなるかもしれません。開き直りたくなる気持ちもわかります。

それでも、スタンスならば変えることができるのではないでしょうか。

重要なのは**「変われるかどうか」**よりも**「変わろうとするかどうか」**です。

スタンスとは、いい方や聞き方といったメンバーと向きあう姿勢のことです。スタンスを変えようと意識することで、無意識に振り回されず、自ら変われるチャンスが生まれます。

完璧をめざす必要はありません。まずは何回かに1回で構わないので**「いまのは、ひょっとしてわたしのアンコンシャス・バイアス？」と振り返ってみましょう**。

たとえば、普段は自分ばかりが話していることに気づけたなら、メンバーの話をさえぎらずに、まずは聞くスタンスに変えてみる。

メンバーにはいつも一方的な指示ばかりしていると気づいたのなら、「何かアイデアはないか？」「力を貸してほしい」というスタンスに変える。

たったこれだけのスタンスの変化でも、チームは大きく変わります。

リーダーがアンコンシャス・バイアスを知り、スタンスを変える。

この小さなことの積み重ねが、やがて、チームに大きな変化をもたらすことにつながるのです。

まとめ
少しでも「変わろう」とする姿勢が重要

16 「今さら変われない」という思いこみを捨てる

「もう長年、この調子でやってきたので、今さら変えられない」
「上司としてのプライドがある。ポリシーもある。変わりたくない」

長年リーダーをやっていると、これまでのスタイルを今さら変えたくないという心理がはたらくのは当然です。今から変わることはとても勇気のいることだと思います。困難であることもわかります。

ただ、この「変われない」という考えが、そもそも思いこみであることを認めなければ良い方向には向かわないのも事実です。
「変われない」という自己防衛心が表に出てしまうと、変化を求められたときに、これまでの苦労や今までやってきたことが無駄になると感じてしまい、落胆するかもしれません。
しかし、過去に振り回されるのは意味のないことです。

過去の経験や、過去から積み重ねてきたものは、それがポジティブでもネガティブでも「未来への学び」なのではないでしょうか。
過去の経験があるからこそ、アンコンシャス・バイアスに気づくことができるのです。

未来を少しでも良い方向に変えるには、「いま」変わるしかありません。

今のメンバーがどうだからとか、お互いの関係がこうだから、といった評論家にならないことです。リーダーは、評論家ではなく、実践者になりましょう。
アンコンシャス・バイアスは、そうしたリーダー自らが未来を切り開いていくための、変わるきっかけを与えてくれるものなのです。

まとめ
過去に振り回されずに、「いま」変ろう

序章の「できることリスト」

- □ 誰にでもアンコンシャス・バイアスがあることを受けいれてみる
- □「裸の王さま」になっていないかを意識してみる
- □ 自己防衛の言動をやめる
- □ アンコンシャス・バイアスに気づけないことがあることを、自覚する
- □ メンバーの表情、しぐさ、声のトーン、目線などの変化に敏感になる
- □「変われない」という思いこみを捨てる

第1章

「メンバーが理解できない」と
嘆くリーダーへ

価値観の違う
メンバーと
信頼関係を築く

01 メンバーへのイライラが爆発してしまう理由

「メンバーを理解できない」と、悩むリーダーに改めて伝えたいのは、「誰ひとりとして同じ人はいない」ということです。頭ではわかっていても、わたしたちは無意識のうちに、「相手も自分と同じように考え、感じ、動いてくれる」と思いこんでしまいがちです。そして、この無意識の思いこみにより、怒りの感情や、悩みがうまれています。

「どうしてこんなミスをするんだ」と、メンバーにイライラした経験はありませんか？　あるいは、舌打ちやネガティブな表情、態度で怒りを示したことはないでしょうか。

怒りという感情は、喜怒哀楽のなかで、もっとも攻撃的なもので、一度怒り始めるとなかなかおさめることが難しいものです。

近年、アメリカをはじめとして、世界中で、怒りをマネジメントする心理教育がおこなわれています。日本にも一般社団法人日本アンガーマネジメント協会という団体があり、怒りの連鎖を断ち切るための心理教育プログラムが広く展開されています。

このアンガーマネジメントの基本は**「怒りは二次感情である」**という考え方です。寂しい、悲しい、苦しい、不安といった一次感情が許容量を超えてしまうと、怒りの感情が二次感情として生まれるというメカニズムです。

たとえば、メンバーからの報告がないと、徐々に「不安」がつのることがありますが、これが一次感情です。そして、報告のない状態が続くと、不安や心配な気持ちがある瞬間にうけとめられないほどにたまり、「いいかげんに報告しろ!」と怒りに変わります。

つまり、いきなり怒ることはないのです。怒りは心配、不安、悲しみなどが、無意識のうちに、心のなかにたまってはじめてあらわれる感情です。

まとめ

無意識のうちに心にたまる感情に目をむける

02 自分の「こうあるべき」が裏切られたときに「怒り」が生まれる

「電車がくるのを並んで待っていたのに、横から誰かが割りこんできた」

「急いでいるときに、道をふさぐようにゆっくりと歩く人たちが目の前にいる」

「待ち合わせの時間をすぎても連絡がなく、こちらからも連絡がつかない」

こうした状況に遭遇すると、普段は温厚な人でも少しムッとするのではないでしょうか。

これは、**自分が「こうあるべき」「これが正しい」と信じているルールやマナーが侵害されたことへの不満が「ムッとする」感情を生み出しています**。

一般社団法人日本アンガーマネジメント協会では、怒りの正体はわたしたちがもっている「べき」だとしています。「部下はこうあるべき」「上司はこうあるべき」「子どもであれば、こうするべき」「サービスはこうあるべき」など、一人ひとり、それぞれの信じる価値観をもっています。

横からの割りこみは避けるべき
急いでいる人には道を譲るべき
待ち合わせに遅れるときは、事前に連絡をいれるべき

こうした自分の信じる「べき」が守られていると、人は安心します。同じ価値観を共有できる相手には、不安は感じず、良き関係性が築けるものです。逆に、価値観の違う人とはケンカが絶えなかったり、互いにいつもイライラしたりしがちです。

人は、自分の価値観を守りたいがゆえに、そして、自分の「べき」は正しいと信じているがゆえに、無意識のうちに相手に対して怒りの感情を抱いてしまうのです。

つまり、怒りもまた、無意識に自分の安心、安定を守ろうとする自己防衛心から生まれる感情だといえるでしょう。

まとめ
無意識のうちに「自分は正しい」と信じている

03 怒りはメンバーを制圧しようとする無意識の行動

自信をもって提案したアイデアを真っ向から否定されたり、思ったようにメンバーが動いてくれなかったりするという場面でも、イライラや怒りの感情がわきやすいのではないでしょうか。

「なぜわからないんだ」
「なぜいわれたとおりにしないんだ!」

イライラが高まると、ついついトゲのあるいい方で無理に相手を説得しようとしてしまったり、ときには「つべこべいわずに、いいからいうとおりにしろ!」と無理強いしてしまったりするかもしれません。

これらは価値観を否定されたことへの不安が、怒りに転化してしまった一例です。

意見が否定されたのには、何らかの理由があるはずです。メンバーが思ったように動いてくれないことにも何らかの理由があるはずです。

リーダーならば、自分の意見を通すことに固執するのではなく、その**反対意見に耳を傾け、メンバーの思いや考えを受けとめることが大切**です。

怒りに「つい」身を委ねてしまうのは、怒りという感情をぶつけることで、仕返しをしたり、状況を自分の都合に合うように強引にねじ伏せたりしようとする無意識の行動のあらわれです。

これは相手を怒りという感情で「制圧」しているのと同じです。

「わたしは、そんなつもりで怒っているのではない」、と思われるかもしれません。しかし、怒りもまた、無意識の自己防衛からくるものですから、自覚できないこともあるということを、ぜひ知っておいてください。

まとめ

怒りに身を委ねてはいけない

04 一次感情を率直に伝えることから始める

それでも怒りの衝動がわいてしまったら、どうすればいいのでしょう。

良い方法は、ひと呼吸おいて、**自分の素直な気持ち（一次感情）を伝えることです**。

たとえば、家族の帰宅がものすごく遅かったとしましょう。そこでイライラしても、怒りの感情をおもいっきりぶつけるのではなく、「すごく心配だったよ」とまずは一次感情を伝えたうえで、「どこかで何かあったのかと心配になるから、遅くなるときは、必ず連絡をしてね」と話せば、お互いにネガティブな気持ちはわきません。

つまり、**感情的にならず、一次感情を言葉で伝えるようにする**のです。

相手はあなたをわざわざイライラさせたいとは思っていません。

相手も無意識のうちに「ついやってしまっている」ことのほうが多いのです。もし、意識的にやっているとしたら、それは単なるいじわるに過ぎません。そうでない限り、相手に自分の感情を率直に伝えさえすれば、相手もわかってくれると思いませんか？

言葉にすることは、感情を抑制する効果があります。

言葉にするだけで冷静になります。

このように**一次感情を言葉にする習慣をつけましょう**。

「リーダーはあまり感情を出さないほうがいい」と考える人もいますが、それは思いこみです。一次感情は最高のフィードバックですから、どんどん言葉にして伝えたほうがいいのです。お互いに、不安な感情を理解することで、怒ることもなく、どうすれば歩み寄れるかがわかるようになるでしょう。

メンバーの一次感情を受けとめる一方で、リーダー自身の一次感情も伝えるように心がけてみてください。

まとめ

感情的にならず、ひと呼吸おいてから、感情を言葉にして伝える

05 怒りは連鎖してしまう

怒りの感情には、連鎖しやすいという特徴があります。

こちらが怒りの感情をあらわにすると、相手も怒りで対応しがちです。

これまで述べてきたように、怒りの感情は怒鳴る、叱責するという攻撃的なものもありますが、「暗い顔をする」「泣く」「無視する」といったたぐいの消極的なものもあります。

メンバーは、リーダーに対して攻撃的な表現はしづらいものです。そのため、えてして、消極的な表現で怒りをあらわします。

怒りは、まわりに連鎖するだけではありません。

たとえば、リーダーがあるメンバーに対して怒りをぶつけたとします。その後、そのメンバーが同僚にそのことを相談した結果、今度はその同僚が、リーダーに対して怒りの感情を抱き始めるということもあるのです。

連鎖が起き始めると、チーム全体がネガティブなムードになることまであります。

また、**怒りの連鎖は時間までも超えていきます**。

そのときの怒りの感情が、数年後まで続いてしまう、というものです。

「あのときのことを思い出すといまでもイライラする」、という経験は少なからず誰しもあるのではないでしょうか。

こうした怒りの感情の連鎖は、リーダーもメンバーも本来は望んでいないものです。

となれば、どこかでこうした連鎖を止めることが必要になります。

そうです。リーダー自身が、その怒りの連鎖を断ち切る役割を担いましょう。

まとめ

リーダーが怒りの連鎖を断ち切ろう

06「コミットメントのエスカレーション」という過ち

AさんとBさんの意見がすれ違い、お互いにイライラをつのらせ、徐々に怒りを帯びた言葉が飛び交いはじめたとしましょう。

「Aさんは、なぜわたしの話をまともに聞いてくれないんですか」

「Bさんこそ、ちゃんと聞いてくれないじゃないですか」

「だいたいAさんは！」

もともとはある議題についての意見交換であったはずなのに、いつのまにか当初の目的はどこかにいってしまい、自分の意見を押し通すためのコミュニケーションに変わってしまう。そして、どんどん別の方向にエスカレートしていく。

こんな場面に遭遇したことはないでしょうか。

これは**「コミットメントのエスカレーション」**という現象です。

コミットメントのエスカレーションとは、お互いの認知の矛盾からくる不協和（認知的不協和）を解消しようとして、双方の衝突がエスカレートしていき、あと戻りできなくなる現象です。

この現象も、無意識による自己防衛が原因です。

最初の目的は、相手に自分の意見を伝えることでした。

しかし、それが実現できないとひとたび「思いこむ」と、その矛盾が強い不安を呼び起こし、無意識のうちに、自分を守り、正当化したいという自己防衛心がはたらくのです。

コミットメントのエスカレーションは、会議の場でもおこります。

参加者全員が無意識のうちにコミットメントのエスカレーションに巻きこまれてしまい、知らず知らずのうちに、会議の目的、議題、趣旨から外れるケースも少なくありません。

まとめ

衝突がおこり始めたら、「本来の目的は何か」見つめ直す

07 「若者だから」と決めこまない

「今どきの若者は」

という言葉は、いつの時代でもよく耳にする言葉です。

「今どきの若者はわからない」と、思い悩むリーダーは、「今どき」という言葉を枕詞としてもちいたうえで、その原因を世代の違いや時代の変化に求めることが多いのではないでしょうか。

しかし、特定の世代が他の世代に比べて不可解ということは本当にあるのでしょうか。これは、世代の問題ではなく、価値観の違いから生まれる問題ではないでしょうか。相手との価値観の違いが大きいだけだとわたしは思います。

たとえば、あなたが若手メンバーに対して、もっと積極的にお客さまに提案をし「買ってください」の一言をいうべきだと思っていたとします。ところがそのメンバーはお客さまのところにいっても、なかなか契約をとって帰ってきません。しかし、この結果だけで「契約をとる意識が薄い」「学生気分が抜けていない」といっても、相手の腹には落ちないことが往々にしてあります。

なぜなら、「契約締結を優先するべきだ」というリーダーの価値観に対し、メンバーは、「取引先との信頼関係を優先するべきだ」という価値観をもっている可能性もあるからです。

相手の価値観を知ろうとしないで、無理にリーダーの価値観を押しつけるだけでは、相手の行動は変わりません。

価値観は違っても、ゴールをすり合わせることはできるでしょう。

それは、「お客さまへの訪問のゴールは何か」を話し合うことです。**「ともにめざすことのできるゴールを探す」というプロセスを大切にするのです。**

まとめ

メンバーのせいにせず、共にめざしたいゴールを話し合ってみる

08 「ジェネレーション・ギャップ」もアンコンシャス・バイアス

「ジェネレーション・ギャップ」や「世代間ギャップ」という言葉があります。これも、アンコンシャス・バイアスが生み出しています。

1960年代の若者の流行は「ヒッピー」「サイケ」「ミニスカート」。そして、ビートルズに熱狂した世代です。今の60代、70代の方々にとっての青春時代。当時の若者は、その時代の年長者からみれば「よくわからない」「社会的常識がない」という世代だったようです。年長者は、ビートルズのヘアスタイルを真似した若者をみて、「変な髪型だ」といい、「今どきの若いヤツらは」といっていたそうです。

ちなみに、わたしは若い頃、大人たちから「新人類」と呼ばれていました。

新人類は1986年のユーキャン新語・流行語大賞の流行語部門・金賞にもなった言葉です。

しかし、「新人類」といわれても、何と比べて新人類なのか？　と疑問をもったことがあります。もし逆に、わたしが年長者のことを「旧人類」といったら、年長者たちはどう思うのか、と考えることもありました。

そういうわたしたちの世代も、今の若い人たちを「〇〇型」や「〇〇〇世代」という言葉で表現しています。

つまり、いつの時代も「ジェネレーション・ギャップ」はあるのです。

「ジェネレーション・ギャップ」という言葉によるタイプ化は、偏見を生み出すステレオタイプ化の典型です。大切なのは、**リーダーが、若いメンバー一人ひとりと価値観の違いを認識すること**であって、タイプ化して認識するものではありません。

まとめ

「ジェネレーション・ギャップ」とひとまとめにしない

09 「意外」という言葉に隠された心理

それなりに長く付き合ってきたメンバーが、思いもよらない発言や振る舞いをして、驚いたという経験はないでしょうか。


「彼にはあんな意外なところがあったのか」

「彼女にこんな一面があったとは意外だなあ」


この「意外だなあ」という一言。

ここには無意識の思いこみに気づくヒントがあります。

なぜなら、こうした「意外な一面」という言葉がうまれている理由は、相手が変わったわけではなく、こちらの思いこみが原因だからです。

人はみな解釈の世界に生きています。

自分なりの解釈でしか、世界をとらえることはできません。

つまり、**無意識のうちに、自分の勝手な解釈を押しつけてしまっている**ことがあるのです。

「意外な一面」を感じたときは、無意識の思いこみに気づくチャンスです。

これは自分の解釈が違っていた証拠ですから、「これって、わたしのアンコンシャス・バイアス？」と気づく瞬間でもあります。

人は、自分のことすら理解できないものです。

赤の他人を理解するのはなおさら難しいことでしょう。

「メンバーを理解しなければいけない」というのもアンコンシャス・バイアスです。振り回されないようにしましょう。

まとめ

「意外な一面があるんだな」は、自分の思いこみに気づくチャンス

10 「本音」は感じとるもの

「本音をいってくれないから、何を考えているのかわからない」
これも、多くのリーダーが口にする悩みです。

コミュニケーションが足りないと考え、ざっくばらんな会話の機会を増やす、雑談の時間を意図的に増やして、本音をいってもらえるように努力をしたことがある、という方も多いと思います。しかし、いくら努力しても、なかなか本音は話してもらえないのではないでしょうか。

「本音」という字は、「本（もと）」の「音」と書きます。
「音」とは、動物から人へと進化していく過程の言葉が誕生する以前の動物の鳴き声＝音に由来するものです。太古の昔、わたしたちの祖先は、言葉にならない音で、相手の気持ちや意図を察していました。

ですから、**本音とは、そもそも言葉にならないものなのです**。いおうとしても、そう簡単にいえるものではないのです。

「あなたは誰に対しても、本音でいつも話をしていますか？」

あなたのまわりにいる人たちのことを思いうかべながら、ぜひ考えてみてください。

本音は「いってもらうもの」ではなく、こちらが「感じとる努力をするもの」だとわたしは思います。

こちらが相手の表情や態度から推察して、本当はこんなことを思っているのではないか、こういう意図があるのではないかと感じるものなのです。

「うちのメンバーは、どんなことでも本音で語ってくれている」「うちのメンバーに限って」という思いこみもアンコンシャス・バイアスなのです。

まとめ

メンバーの「言葉にならない気持ち」を感じとろうとする

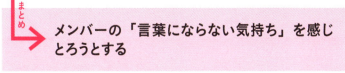

11 1回のコミュニケーションで、相手に「残ること」はごくわずか

メンバーに新たな方針や自分の思いを伝えるとき、あなたはどうしていますか?

たとえば会議の冒頭に10分間の話をするとしましょう。このときあなたは、誰に、何を、どう伝えるか、と充分に考えたうえで臨むのではないでしょうか。

ところが、「思ったほど手応えがなかった」「伝わっていなかった」とがっかりした経験をもつリーダーは少なくないと思います。

会議後のメンバーと話してみると、「何となくわかりました」など、リーダーとしてはがっかりするような結果がまちうけていることもあるでしょう。

ほとんどの言葉は右から左へ流れてしまい、相手に残るものはほんの少しです。

ここで大切なのは「メンバーの心に何が残ったか」を受け入れることです。ほんの少ししか残らなかったという事実を受けとめ、認めることです。

「もっと真面目に聞いてほしい」

「いったことは覚えておいてほしい」

こんなふうにいいたくなるかもしれませんが、コミュニケーションにおいて、頭や心に何を残すかを決めるのは相手です。メンバーのせいにするのは無意識の自己防衛に過ぎません。

何をどう伝えたかよりも「何が相手に残ったか」が、リーダーにとってのコミュニケーションの成果です。

「1回で理解すべき」

「前に一度伝えたからもう伝える必要はない」

こんな思いこみは捨てて、大切なことは何度でも伝えましょう。

まとめ

1回のコミュニケーションで伝えられることは想像以上に少ないことに気づく

12 最後までメンバーに任せることができますか？

リーダーはさまざまな場面で、権限委譲をする必要があります。

権限委譲とは「メンバーに最後まで任せきる」ということです。経験を積んでもらうことでメンバーの成長をうながしたり、リーダーが本来の仕事に集中したりするために、権限委譲は欠かせないことだといえるでしょう。

しかし「不安におそわれてしまい、メンバーに最後まで任せられなかった」という声をよく耳にします。

最後まで任せきれずに尻拭いをしたというケースや、リーダーの期待どおりの成果ではなかったときに、「君を信頼して任せたのに、どうして失敗したんだ」と、ついつい叱責してしまったという経験をもつリーダーも少なくないでしょう。

無意識の自己防衛心がはたらき、メンバーに任せられないと思ってしまうこともあるでしょう。

しかしながら、**任せるとは、メンバーを信頼することです**。**信頼するとは、相手の未来を信じることです**。

現代は、過去の実績や経験が重視される社会です。銀行の融資や企業間取引のような案件では、とりわけこうした過去の実績が肝となります。なぜなら、過去の実績を重視することは、リスクヘッジにつながるからです。しかし、これは「信用」に過ぎません。

これに対して、**信頼とは過去の実績や経験ではなく、未来を信じることです**。

「メンバーを信頼して任せる」というのは、このリスクをリーダー自身が負うということです。任せきれないのは、メンバーの能力のせいではなく、リーダーがこのリスクに対して自己防衛をしているからにほかなりません。

まとめ

リーダー自身がリスクをとることが、権限委譲を可能にする

13 ダイバーシティは、「半径数メートル」がカギとなる

昨今、ダイバーシティ・マネジメント（多様性を活かしたマネジメント）の重要性が高まってきています。その背景にあるのは、経済成長の鈍化や少子化、高齢化による、日本社会の急激な変化です。これまでとは違う、さまざまな働き方、人材の登用によって、ダイバーシティの必要性は高まってきました。

こうした時代に対応すべく、多くの企業で制度改革や新たなルールづくりが始められています。しかし、ダイバーシティ・マネジメントを制度やルールだけで実現するのは限界があります。

なぜなら、さまざまな働き方を選択したメンバーがいきいき活躍するためには、まわり

で関わる人すべてが理解しサポートすることが欠かせないからです。

お互いに理解しあい、認め合い、助け合える関係ができていなければ、「働きにくい」「ストレスを感じる」という心の問題が生じてしまいます。

たとえば、助け合うと言葉ではいえますが、行動はなかなか難しいものです。

頭では「助け合おう」と思っていても、無意識のうちに自分を優先する自己防衛心がはたらいたり、無意識のうちに言動に「小さなトゲ」が見え隠れしているかもしれません。

大切なのは、一人ひとりの考え方、生き方、働き方に共感しあおうとすることです。

そして、**今この瞬間は助けを必要としていない人も、いつの日か助けを必要とすることがあるかもしれないという「長期目線でのお互い様」の考え方をもつことです。**

これが、ダイバーシティ・マネジメントの実践には欠かせません。

まとめ

ダイバーシティ実践には考え方、生き方、働き方に共感しあおうとすることが大事

14 自分が若かりし頃のことを棚にあげていませんか？

人は、自分の若かりし頃のことは棚に上げて、相手のミスを指摘することがあります。

たとえば、経験を重ねたリーダーが、新人に対して「これくらいのことがなぜできない」とイライラしたり、指摘したりするような場面を思いうかべてみてください。

経験豊富なリーダーにも、右も左もわからない時代があり、はじめてきく専門用語を一度では理解できなくて、仕事の難しさを感じた経験もあるはずです。

それなのに、なぜ、こうしたことがおきるのかというと、わたしたちは、自分の過去を過大評価する傾向にあるためです。

「わたしが若かったときは、これくらいのことはできた」というバイアスがかかるのです。

このバイアスは、過去の自分だけでなく、現在の自分におよぶこともあります。「わたしだったら、そんな間違いはしない」と思いこんでしまうため、ミスした人を許せなくなってしまいます。

このように自分を過大評価してしまうことを**「自己奉仕バイアス」**といいます。

自分は「できる」と思っている人ほど、相手の「できない」が理解できないため、注意が必要です。

人はそれぞれ間違ったり、できなかったりするものです。

相手を理解する前に、まずは**自分が自分を過大評価してしまっていないかどうかを疑うこと**も、リーダーには大切な姿勢です。

自分には、できないことがたくさんあるということを認めたうえで、メンバーのできることに目をむけ、感謝するほうが、正しくメンバーを理解することにつながります。

まとめ

相手の前にまず、自分を誤って評価していないか疑う

第1章の「できることリスト」

- □ 自分の「べき」、自分の「価値観」は正しいという思いこみを捨てる
- □ 感情的にならず、感情を言葉にして伝えてみる
- □ 怒りに身を委ねず、怒りの連鎖は、リーダー自ら断ち切る
- □ リーダーの価値観をおしつけない
- □ メンバーを信じ、最後まで任せきる
- □ 長期目線での「お互い様」「助けあいの心」をもち、その考え方を広げていく

第2章

「メンバーのやる気をひき出せない」と悩むリーダーへ

メンバーの価値を高める

01 メンバーのやる気は、言葉だけではひき出せない

「メンバーのやる気をひき出したい」

これは多くのリーダーがもつ願いではないでしょうか。

メンバーのやる気を高めるために、

「がんばれ」「もっとやれるはずだ」

といった言葉で気持ちを喚起するようにしている人もいるかもしれません。

ところが、こうした言葉そのものに影響力はあまりありません。


ただ単に、言葉をかけられるだけだと「リーダーがあいってもいる以上、やらないとあとがコワい」とメンバーが無意識に感じてしまい、動いているように見せるだけになっ

てしまうからです。

大切なのは、リーダーの言葉ではなく、メンバー自身が自分はがんばれる、「もっとやれる」と実感できるかどうかです。

そのためには、リーダーが「結果だけでなく、プロセスも見てくれている」、「日頃から気にかけてくれている」という実感がもてるかどうかが、カギとなります。

「リーダーが自分に関心を寄せているかどうか」を決めるのは、メンバーです。

ですから、**メンバーに突然「がんばって」といっても、逆効果になってしまうことがあるのです**。メンバーから見れば「普段は全然見ていないくせに、こんなときにだけ言葉をかけないでほしい」と感じてしまう可能性があるからです。

大切なことは、言葉以上に、普段からメンバーを「見ている」「気にかけている」という実感をもってもらえるようにすることです。

まとめ

メンバー自身が「自分に関心をもってくれている」と実感できるようにする

02 リーダーが結果ばかりを気にすることの弊害

メンバーのことを気にかけているつもりでも、実際には、結果ばかりを気にしてしまってはいないでしょうか。

これは、多くのリーダーが陥りやすいアンコンシャス・バイアスです。

リーダーには、結果を出す責任があります。

そのため、無意識のうちに、自分がいちばん気にしていることにばかり注目してしまうのです。

「リーダーはわたしのことを気にかけてくれているようで、結局、いちばん気にしているのは数値だけ。業績だけ。結果だけ」

という感覚をメンバーがもってしまうと、「やる気」はどんどんそがれていくでしょう。

このアンコンシャス・バイアスの弊害は、それだけではありません。

結果を出せていないメンバーは「リーダーがイライラする」「評価を下げられる」「怒られる」「リーダーを失望させてしまう」などの不安を感じ、萎縮し始めます。

一方、結果が出せているメンバーも「いつか結果が出せなくなったらどうなるのだろう」と不安におそわれれば、いわれたことだけしかやらないという自己防衛に走るでしょう。

結果ばかりを気にしていると**無意識の影響をうけ、自分でも気づかないうちに「言葉」や「伝え方」や「声のトーン」などが変わってしまいます**。

「メンバーを信じてさえいれば、自然と結果はついてくる」くらいの意識をもつことが大切です。

まとめ

結果ばかりを見ていると、むしろ結果につながらない

03 やる気とは、無意識にわき出る衝動

「やる気が感じられない」

「ようやく、やる気になってくれた」

普段、わたしたちが何気なく口にしている「やる気」とは、そもそも何でしょうか。

わたしはやる気を「相手の希望を叶えたい衝動」と定義しています。

やる気は意識して出てくるものではなく、心の内側からわき出てくる無意識の衝動だと思うのです。

ここでは「マズローの欲求5段階説」で考えてみましょう。

マズローは人の欲求を5つの段階に分類しました。もっとも根源的なものから順に「生

理的欲求」「安全の欲求」「社会的欲求（愛と所属の欲求）」「承認欲求」「貢献欲求（自己実現欲求）」の5つです。

このなかでとくに「やる気」としてあらわれるのは、「承認欲求」と「貢献欲求」です。

承認欲求とは、「ほめられたい、認められたい」という欲求です。

一番になる、ライバルに勝つといった競争心も、承認欲求が強く影響しています。

貢献欲求は、「誰かの何かの役に立ちたい、相手の幸せに貢献したい」という欲求です。

自分がリスクを負ってでも、誰かを助けたいと思うのは、貢献欲求から生まれる衝動です。

どの欲求がやる気に火をつける火種になるかは、人によって異なります。

火種は、その人の価値観によって決まるものです。

リーダーであるあなたの言動が、メンバーの承認欲求、貢献欲求にどうつながるかを意識してみること。これが、メンバーのやる気をひき出す前提になるリーダーの姿勢です。

まとめ

メンバーの承認欲求と貢献欲求にどうつながるか意識する

04 「できてあたりまえ」という気持ちを捨てる

報奨制度や競争ルールは「承認欲求」に火をつけますが、この方法でメンバーのやる気を維持するためには、一定の条件が必要です。

それは、組織や社会が「右肩上がり」であり続けることです。右肩上がりの状態であれば、報奨として再分配するお金や物は増え続けます。承認欲求には「もっともっと」とエスカレートする性質があるので、その意欲に応えるためには、再分配する報奨を、右肩上がりで増やし続けていくことが欠かせません。

ただし、ひとたび成長が鈍化すると、健全な競争から一転して、社員同士の手柄の奪い合いがうまれてしまうことがあります。また、社員に再分配するお金や物が増えなくなるので、必然的に自己防衛心が強くなり、助け合うよりも、権利を主張しあうことに意識が傾きがちになります。あるいは無理に手柄を立てようとしてコンプライアンス違反をする可能性も高まります。

「やる気」の本質は、相手のウレシイに貢献することです。

手柄をとり合うことではありません。

最近は「100点をとってあたりまえ」といわれる仕事が多くなっているように思います。これは、お客さまから文句をいわれることはあっても、誰からも「ありがとう」とはいわれない仕事が増えているということです。

リーダーのあなたに、「完璧にできてあたりまえ」というアンコンシャス・バイアスはありませんか？　リーダーはぜひ、メンバーの貢献に光をあてることを心がけてみてください。自分が必要とされていると感じることが、メンバーのやりがいとなり、誇りとなり、やる気につながるはずです。

まとめ

メンバーの貢献に光をあてよう

05 ハラスメントは「これくらいなら大丈夫」から生まれる

リーダーが、自分の「快」に気をとられ、メンバーの「不快」に気づかずにいると、知らず知らずのうちにメンバーを傷つけてしまうことがあります。

その最たるものがハラスメントです。ときには、その行為がハラスメントになると自分ではまったく気づいていないこともあります。そこがハラスメントの怖いところでもあります。

意図せずハラスメントを起こす要因は、「これくらいなら大丈夫」というアンコンシャス・バイアスです。

たとえば、パワーハラスメントの場合、「これくらい強くいっても大丈夫」といった無意識の思いこみが強いと、どんどんエスカレートしてしまうのです。

怒鳴られたメンバーは傷つき、やる気もそがれてしまうでしょう。「最近の若者は弱い。甘えている。少し怒鳴られたくらいでシュンとするな」

そういきどおる人もいますが、こうした態度をとり続けても未来には何も生まれません。

なかには「自分は悪くない。彼（彼女）がわたしを怒らせるんだ」と弁明する人もいます。これは間違いなく、アンコンシャス・バイアスに振り回されているケースです。メンバーのやる気ではなく、自己防衛に意識が奪われているのです。

「これくらい大丈夫」という、メンバーの不快を無視してしまう心理が解消されない限り、ハラスメントは形を変えて生まれることでしょう。実際に「○○ハラスメント」という言葉はすでに数十個にものぼるようです。

メンバーの「快」「不快」を知ること、自分のなかにあるアンコンシャス・バイアスに目をむけなければ、ハラスメントは根本的に解消されないのです。

まとめ

ハラスメント解消には、メンバーの快・不快に謙虚に向き合う姿勢が必要

06 無意識のうちに「減点主義」になっていませんか？

「彼はここが足りない」
「彼女はここを直せば完璧なのに」

これは理想的な状態を最初に設定し、そこから足りないものをアドバイスする「減点主義」のアプローチです。減点主義のアプローチは、モノをつくるときのように、完成したときの姿がはっきりイメージでき、満点という状態が確認できるものには非常に有効な方法だといえます。完成図と現状を比較し、足りない部分、間違っているところを改善していくことで100点に近づけることができるからです。

しかし、この手法を人に応用するのは考えものです。

人の能力や価値を100点満点で評価することはできません。まして、リーダーの考える「理想像」と「足りない部分」が、メンバー本人の思いと一致しているとは限りません。それどころか、**減点主義によるアドバイスは、自分の価値観にメンバーを無理やり合わせようとすることにもなります**。

人は、他人に無理やり従わせられることを本能的に好みませんし、誰かの解釈にあてはめられたくはないものです。たとえプラスの評価をされている場合でもそう感じるものです。マイナスの評価ならば、なおさら受け入れがたいでしょう。

なかにはリーダーに素直に従おうとするメンバーもいるかもしれません。しかし、それは、メンバーの無意識の自己防衛がそうさせているだけの可能性があります。

リーダーはメンバーが自分なりにやっていることに、貢献しようとすることが大切です。昨日よりも今日、今日よりも明日、少しでもその人が「自分は必要とされている」「もう少しがんばってみたい」と実感できるようにサポートする。それが、メンバーのやる気をひき出すことにつながります。

まとめ

メンバーが自分なりにやろうとしていることをサポートする

07 メンバーの出番を奪う「何でもできる」という思いこみ

チームの主役はメンバー一人ひとりです。リーダーではありません。主役には「わたしだからこそできる」という出番がそれぞれに必要です。出番があることで「自分は必要とされている」と感じ、やる気がひき出されます。

メンバーの出番をつくることは、リーダーの大切な仕事の1つです。

ところが、これを妨げてしまうアンコンシャス・バイアスがあります。

それはリーダーの「自分は何でもできる」という無意識の思いこみです。そして、無意識の自己防衛には、「自分がいないとダメだ」と思いたい、見せたいという感覚を強めるはたらきがあります。これがメンバーの出番をつくる妨げになることがあるのです。

「何でもできる」という自負心の強いリーダーほど、メンバーの行動にイチイチ文句をつけてしまいがちなのはこのバイアスの影響です。

料理上手な奥さまが、キッチンに立った経験のない旦那さまの包丁さばきに文句をつけているシーンをイメージしてみてください。小言やイヤミを聞きながら、料理をつくり続けたくはないでしょう。

リーダーが何でもかんでもできる必要はありません。何でもできてしまうと、メンバーの出番が生まれません。その逆を「良し」としてみましょう。

つまり、**メンバーが無意識のうちに「わたしがやらなければ、リーダーは何もできない」と思われることを良しとする**のです。

「わたしにはできない。君だからこそできる」「わたしには君が必要だ」といえる度量がリーダーには大切です。

メンバーは「自分だからこそできる」と思える仕事に、いちばんやりがいを感じるのです。

まとめ

メンバーが主役となる出番をつくるようにする

08 メンバーの「失敗したくない」という自己防衛を解くには

人には、報われたことに対し、報い返そうとする「返報性」という心理があります。

メンバーにもっとチームに対して貢献してもらいたいと思ったら、まずはリーダーがメンバーに貢献することです。

リーダーがメンバーにできる最大の貢献は何だと思いますか。

それは、「メンバーを守る」ことです。

メンバーがポジティブに行動できないのは、不安があるからです。

頭では「やらなくちゃいけない」と思っていても、無意識の自己防衛にとらわれ、動けない状態になっています。彼らに、勇気ある一歩を踏み出してもらうために必要なのは

「大丈夫。何かあったら、責任はわたしがとる」というリーダーの態度です。

もちろん、ただ「君を守るよ」と口でいうだけでは意味はありません。トラブルやミスが起きたときは、責任をメンバーに押しつけず、リーダーの責任として引き受け、行動してください。つまり「メンバーを守る」ということは、リーダー自らリスクをとるということなのです。

そうすれば、メンバーはこの貢献に必ず報いようとしてくれるでしょう。

リーダーがリスクをとることで、メンバーは「失敗したくない」という無意識にある自己防衛から解放された状態で仕事ができます。

そして、良い結果が出れば「やれる」と自信がつき、自主的にどんどん行動していくようになるでしょう。

まとめ

リーダー自らリスクをとることが、メンバーへの最大の貢献

09 メンバーのミスを過剰に恐れない

「責任はわたしがとるから、思い切ってやってみて」と伝えたいとは思っても、リーダーも人間です。リスクを恐れる気持ちはあるでしょう。

「任せてはみたもののメンバーがミスをしたらと考えると、やはり不安だ」

こんなふうに思うのも、仕方のないことだと思います。

そのうえで、改めて考えてみていただきたいのです。

メンバーに任せたその仕事のミスは、決して挽回できないものですか？　あなたの社会的地位や将来がおびやかされることでしょうか？

最悪のシナリオを考えてみると、「メンバーが失敗したら大変なことになる」という感覚は、その多くが漠然とした不安であり、思いこみに過ぎないという結論に至ります。過剰なほどリスクを恐れてしまうのは、多くのリーダーが陥りやすいアンコンシャス・バイアスです。

メンバーが行動できない最大の原因も、「不安という自己防衛心からくるアンコンシャス・バイアス」でした。そのうえリーダーまでが自己防衛心にとらわれていたら、メンバーはますますリスクをとれなくなり、チーム全体が動けなくなってしまうでしょう。

これが、アンコンシャス・バイアスの恐ろしさです。**集団内にアンコンシャス・バイアスが伝染してしまうと、組織全体が硬直化してしまうところまでいきかねない**のです。

改めて考えてみれば「失敗しても挽回できる」「それほど大したことにはならない」というケースは多いはずです。

メンバーにチャレンジしてもらいたいなら、リーダーがまずそのとらわれに気づき、はじめの一歩を踏み出しましょう。

まとめ
「漠然とした不安」に振り回されないようにする

第2章の「できることリスト」

- □ メンバー自身が「自分に関心をもってくれている」と実感できるようにしてみる
- □ 結果だけでなくメンバーの行動をよくみる
- □「完璧にできてあたりまえ」という気持ちを捨てる
- □「自分がいないとダメだ」「メンバーには任せきれない」という感覚を捨てる
- □ メンバーが主役となる出番をつくるようにする

第3章

「ビジョンが実現できない」ともがくリーダーへ

無意識の壁を乗り越える

01 ビジョンは「シンプル」に

「○○があればビジョンが実現できる」
「ビジョン実現のためには○○が必要だ」

こうした条件つきのビジョンは、知らず知らずのうちに実現できない方向へ、できない方向へとメンバーを導いてしまうことがあります。

なぜなら、その条件が整わないことを理由に、あきらめてしまう心理がはたらきやすくなるからです。これも、まさにアンコンシャス・バイアスです。

ビジョンが実現できるかどうかを決める最大の要因は、条件ではなく、メンバーです。

メンバーが動くか、動かないかで決まります。

条件をつけたビジョンが実現できなかったとき、関わったメンバーが何をどう考えるのかを想像すれば一目瞭然です。つまり、ビジョンが達成できなかったのは「条件が整わなかったから仕方ない」と自己正当化してしまうでしょう。

ビジョンに条件は不要です。シンプルに「○○を実現する」という表現で、どんな状態になっていたいかのみを描くことです。そして「みんなで」という言葉をつけ加えることもおすすめします。

みんなで○○を実現する

○○をチーム全員で達成する

無意識の影響は大きな力をもっていることを忘れないでください。リーダーはもちろんのこと、全員が「実現できる」と思えることが大きな原動力となるでしょう。

まとめ

実現できると全員が思えるかどうかが大切

02 メンバーが「でも」「どうせ」「だって」というワケ

「とはいっても…」とメンバーにいわれたら、あなたはどう返答しますか？

「いいから、大丈夫だから」「やるしかないだろう」

こんなふうに頭ごなしにいうのはよくありません。


「とはいっても」に代わる言葉は「だって」「どうせ」「でも」です。

人が動かなくなる「言い訳の３Ｄ」といわれる言葉でもあります。

「やる気がないのでは？」「意識が低いのでは？」と感じるかもしれませんが、そうではありません。これは、メンバーが「心の壁」を感じていることを示すサインです。


ですから「とはいっても」に続く意見を、素直に受け止めることが大切です。

『とはいっても』何だろう？

『だって』というのはなぜだろう？


このように、その言葉が出てきた気持ちに寄り添いましょう。

すると、次にこんな発言が出てくるはずです。

「○○があるから、無理だと思うんです」

これが、メンバーの心の壁となっている無意識の制約条件です。


頭ごなしに否定せず、対話により制約条件を具体的に描くことがポイントです。

「とはいっても」という言葉は、やる気の問題でも、意識の欠如の問題でもなく、メンバー本人の無意識の自己防衛が生み出すものです。

メンバーがアンコンシャス・バイアスに振り回されないようにするためにも、この言葉と向き合ってみてください。

まとめ
「とはいっても」発言は、メンバーの心の壁を知るチャンス

03 「正解だから決める」のではなく「決めたことを正解」にする

大きな成功を収めている人や組織の多くでは「決めたことを正解にする」ということに時間と労力を費やしているように思えます。

組織内で意見がまとまらない、結論がなかなか出ないというケースの多くは、この「正解が何かを考える」ことに多くの時間を費やしてしまっているように思います。リスクをとりたくないという無意識の自己防衛、つまりアンコンシャス・バイアスの影響を大きくうけているといえるでしょう。

このやり方では、もし結論が出せたとしても、無難であいまいなものになりがちです。そして、実現前に時間切れで終わることも少なくありません。

組織が大きくなればなるほど、この傾向は強まります。誰も動かず、会議の時間ばかりが多くなってしまうのです。

ビジョンは、論理的に説明がつくものである必要はありません。もっとも大切なのは、決めることです。決めたら、それを成功に導くためにどうするかを考え続け、行動し続けましょう。つまり「決めたことを正解にする」のです。

分析や検討に時間をかけると、「出した結論を変えたくない」という心理、アンコンシャス・バイアスの影響を大きく受けることになります。もし途中で疑問を感じたり、方針変更が頭をよぎったりしたとしても、費やしたコストが無駄になると無意識に考え、そのまま進んでしまいます。いわゆるサンクコスト（埋没コスト）により、柔軟さが失われるのです。

ビジョンは必要に応じて変わっても構いません。その都度、実現するにはどうするかを考え、動き続ければいいのです。何より、ビジョンの実現に向けて動いていることそのものが、メンバーをイキイキとさせるものなのです。

まとめ

まず、ビジョンを決めて、それにむかって行動すること

04 「誰と」やるかで、結果は変わる

ここで問題です。

「太郎くんと花子さんが、ミカン狩りにいきました。敷地には100個のミカンが実っています。太郎くんには20個、花子さんにも20個のミカンを収穫するようにお願いしました。さて、残るミカンの数はいくらでしょうか?」

小学校の算数で出てくるような問題ですが、みなさんならどう答えますか。

算数なら残るミカンは60個ですが、わたしの答えは「やってみなければわからない」です。太郎くんと花子さんが依頼どおりに動くとは限りません。現実の結果は、太郎くんと

花子さんの意識と行動次第でしょう。

ビジョンを打ち出そうとするとき、リーダーなら誰もが気になるのは「結果」です。そのため、結果から逆算して、お金をどのくらいかけるか、どんな計画を立てるかに意識が傾いてしまいがちです。しかし、現実の結果を左右する最大のファクターは、投資額でも、計画でもありません。メンバーです。そのメンバーをつい、忘れてしまうのは、結果重視のアンコンシャス・バイアスによる影響だといえるでしょう。

どんなに明確で、計画を練ったビジョンでも、メンバーがついてこなければ、その時点で成功しないことは明らかです。つまり、**ビジョンの実現性は「何を」やるかよりも、「誰と」やるかで大きく変わる**のです。

極端にいえば、たとえビジョンが明確でなくても、「この仲間と一緒にやっていきたい」と思える組織は、それだけで成功への道をたどっていくものです。

まとめ **「この仲間と一緒にやっていきたい」という組織をつくる**

05 結果よりも、メンバーの行動をみる

結果重視のアンコンシャス・バイアスには、「メンバーが挑戦できなくなる」という悪影響もあります。これがとくに起こりやすいのは「挑戦目標」を掲げるケースです。

「従来のやり方では成長できない」という問題意識から、チャレンジングな目標を掲げることがあります。これがいわゆる挑戦目標ですが、これ自体に問題はありません。高い目標を設定することで、大胆な組織変革をけん引できたという事例もたしかにあります。

しかし、このとき、リーダーが結果重視のアンコンシャス・バイアスに振り回されてしまうと、メンバーの無意識に「無理ではないか」という思いが強くなり、挑戦できなくなってしまうのです。

挑戦という字は「戦いを挑む」と書きます。これは行動であり、結果ではありません。**リーダーは結果よりも、メンバーの挑む姿勢に注目しましょう**。掲げられた挑戦目標に対し、やり方を変える提案をする、反対意見を臆せず口にする、指示以外のことを自発的にするといった行動は、すべてメンバーの挑戦といえます。結果重視のアンコンシャス・バイアスにとらわれていると、こうした行動に気づかず、足を引っ張ってしまうことさえあるでしょう。

結果は、こうしたメンバーの行動の積み重ねでうまれます。

もちろん失敗することもあるでしょう。しかし失敗は学びでもあり、過去の失敗はすべて未来の成功へのタネです。一度の失敗で「ダメ」のレッテルを貼れば、そこで終わりですが、失敗から「では、次にどうするか」という挑戦を続けることができれば、将来の成功につながります。

頭ではあたりまえのようにわかっていても、無意識の自己防衛が強くなると、こうしたあたりまえのことができなくなるのがアンコンシャス・バイアスの怖さです。

まとめ

結果を恐れず、メンバーの挑もうとする姿勢に注目する

06 「あきらめる」にもタイミングがある

ビジョン実現に向けて挑戦を繰り返し、一度や二度の失敗にもくじけず、がんばり続けていても、「やはり無理なのでは」と感じることはあるかもしれません。とくに困難にぶつかると、無意識のうちに心の壁が大きくなり、あきらめたくなることもあるでしょう。

しかし、あきらめるにも、あきらめるタイミングというものがあります。

「あきらめる」は仏教用語で、その語源は「明（あき）らむ」だそうです。「明らむ」とは、物事の真相を明らかにし、自分の限界を知って、断念するという意味の言葉です。

人はときどき「やり過ぎてしまう」ということがあります。先に解説したコミットメントのエスカレーションやサンクコストなどのアンコンシャス・バイアスによって、過剰なほどやり過ぎてしまうのです。そこまでいけば、さすがに断念するのが賢明なケースもあるでしょう。

しかし、逆にいえば「物事の真相を明らかにし、自分の限界を知る」までは、なかなかあきらめることはできないものです。わたしは、限界まで現実を突き詰めたとき、ようやく「あきらめる」ことができるのだと思います。ギリギリまでやったあとでなければ、そこまでいくことはできません。

毎年、お正月におこなわれる箱根駅伝。どの区間の走者も、限界まで挑戦しながら走っています。しかし、体調がすぐれなかったり、肉体に危険がおよぶことがわかれば、監督が棄権の判断をすることがあります。

リーダーがあきらめるタイミングはここです。

メンバーの行動をつぶさに見て、「限界が来ている」と判断したときに、メンバーを守るためにあきらめるのです。あきらめるとは、もっとも大切なメンバーを守る、リーダーの大切な務めの1つなのではないでしょうか。

まとめ

リーダーがあきらめるのは、限界までがんばっているメンバーを守るとき

07 「運がいい人」とは？

壮大なビジョンを実現したリーダーたちが口をそろえていう言葉があります。

「わたしは運が良かっただけです」

「運」は「運ぶ」とも読みます。

「運命」や「運勢」という言葉は、いずれも「命を運ぶ」「勢いを運ぶ」ことです。そう考えると「運が良かった」というのは「自分の力だけではできない何かを運ぶことができた」ということではないでしょうか。

つまり、**人生において「運がいい」とは、自分の力だけではなく、協力してくれるメンバーの力によって、人生を運ぶことなのです。**

何もせず、誰も動かなかったのに、偶然、良い結果が出るなんてことはありません。結果は常に、誰かの何かの行動によってうまれています。

職場で何か問題が起きても、メンバーがその場で臨機応変に対処してくれる。これは、リーダーの知らないところでおこなわれているため、リーダー自身は「運が良かった」と感じるのでしょう。

運のいいリーダーとは、こうしたメンバーに支えられているリーダーなのです。

メンバーは、リーダーの見えないところを見ています。知らないところを知っています。自分が見えていない、自分が知らないことを過剰に恐れるというアンコンシャス・バイアスにより、重箱の隅をつつくようにイチイチ報告させたり、注意を与えたりしてしまうリーダーもいるようですが、それではメンバーは動くことも、先に進むこともできません。

無意識の自己防衛に振り回されるのではなく、メンバーに支えられていることに感謝できるリーダーでありたいものです。

まとめ
リーダーの運は、メンバーに支えられていることでもたらされる

第3章の「できることリスト」

- □ 頭ごなしに否定するのはやめる
- □「でも」「どうせ」「だって」はメンバーの不安や、心の壁を知るチャンスと考えてみる
- □ 失敗はすべて成功へのタネと考える
- □ たった１度の失敗で「ダメ」のレッテルを貼ったりしない
- □ 結果を恐れず、メンバーの挑戦しようとする姿勢に注目してみる

第4章

「イノベーションを起こせない」と
苦しむリーダーへ

負のループから脱却する

01 イノベーションとは、無意識のモノの見え方が変わること

「イノベーションを起こしたい」「イノベーティブな発想が大切だ」

今やイノベーションという言葉はさまざまな場面で、幅広く使われています。

改めて、イノベーションとは何でしょう。

「革新的な新しいものをうみ出すこと」「従来の構造を一変させるような改革」など、目に見える変化もありますが、イノベーションとは目に見えるものを変えることだけではなく、「常識」が変わることではないでしょうか。

稀代のイノベーターといわれたスティーブ・ジョブズを例にとりましょう。

彼が生み出した iPhone のもっとも革新的なことは何だと思いますか?

デザインや機能、ビジネスモデルではありません。もっとも革新的だったのは、「取扱説明書をなくした」ことです。

モノづくりに関わる人たちにとって、取扱説明書は常識だったはずです。説明書がなければユーザーには扱い方がわからないというアンコンシャス・バイアス。しかし、iPhoneはあれだけ高機能でありながら、取扱説明書は一切ついていません。それでも直感的に操作できる。これは、モノづくりの常識を明らかに変えました。

同時に、iPhoneの登場は、従来の携帯電話を、コミュニケーションツールの枠を越えた、生活を豊かにするライフスタイルツールにしたのです。

このように、常識そのものが変わること。これがイノベーションです。

常識やモノの見え方は、まさにアンコンシャス・バイアスの世界です。iPhoneをはじめて手にした瞬間に「あっ！」と心の底から驚くのは、それが無意識の思いこみを覆すようなものだったからです。**イノベーションへの取り組みは、極論すれば、アンコンシャス・バイアスへの挑戦**ともいえるのです。

まとめ

イノベーションを起こすには、「アンコンシャス・バイアス」に気づくことが重要

02

「あたりまえ」を疑い、変えること

イノベーションは、スティーブ・ジョブズのような特別な能力をもった天才が起こすものというイメージがあるようですが、もちろん、そんなことはありません。今までのモノの見え方、常識が変われば、それはすべてイノベーションとなります。

現代社会は、たくさんのモノにあふれています。

「もう新しいものなど必要ないのでは」

「ここまで来たら、もう変えるところなどないのでは」

とさえ、思ってしまうほどです。

このように、「イノベーションは簡単には起こせない」という考えもアンコンシャス・バイアスによるものです。

たしかに、目に見える部分は「もうこれ以上変える必要はない」と感じるところまで近づいているのかもしれません。しかし、それはあくまでも目に見えている部分だけで、必要なもの、変えられることは、じつはまだまだ数限りなくあるのではないでしょうか。

イノベーションは「わたしたちがまだ気がついていない欲求に応える」ことです。未来に起きることではなく、今、見えていないものを見出せるかどうかです。「あたりまえ」と思っていることを疑い、変える。これができれば、イノベーションなのです。

いつもの仕事のやり方をほんの少しでもいいから「今」変えてみる。

いつものコミュニケーションのやり方をほんの少しでもいいから「今」変えてみる。

日常のなかで、これができるかどうかがイノベーションを起こすもっとも大切な行動なのです。

まとめ

イノベーションは無意識にやっている行動を「今」変えることから始まる

03 自己満足が大きな壁をつくっている

「前例がない」「長年こうやってきた」「今までこの方法で問題はおきてない」、このように、これまでのやり方を「変えたくない」という気持ちがはたらくのは、なぜでしょう。

じつは、変えたくないというのは、無意識の自己防衛のはたらきなのです。つまり、「これまでのやり方を踏襲すれば安心。変化は大変だ、不安だ」というアンコンシャス・バイアスによるものなのです。

変化には、不安がともないます。明確な根拠もなく「これまでどおりで問題ない」「ツーはそう考える」といいたくなるのは、「そう思うことが自分にとっていちばん安心なんだ」といっているのと同じです。

この思いこみを**「コンフォート・ゾーン」**といいます。

コンフォート・ゾーンにいるとき、わたしたちは安心し、満足します。ただ、自分にとっては良いことかもしれませんが、まわりから見ればそうとは限りません。このアンコンシャス・バイアスに振り回されると、**自分の満足のためにコンフォート・ゾーンに立てこもり、相手を否定してしまったりする**のです。

イノベーションとは、社会やお客さまにとって必要なことを提供するために、自ら変わることです。仕事における本当の満足は、自分ではなく、相手が喜ぶことではないでしょうか？

このやり方で満足しているのは自分だけではないか。
この会議は自分たちだけが満足するためのものではないか。
このサービスは本当に相手のニーズに応えているか。
こうしたことを、自問自答し続けていく先に、イノベーションはあるのです。

まとめ
自己満足になっていないか自問自答する時間をつくる

04 「プレイ&タイム」を繰り返す

アンコンシャス・バイアスに振り回されないために、わたしがすすめる方法の1つが「プレイ&タイム」です。

バレーボールなどの、チームスポーツをイメージしてください。

プレイ　＝　コートに入って実践する
タイム　＝　ベンチに戻ってコートでの動きを目的（ゴール）から俯瞰する

プレイ&タイムとは、アイデアを考える会議や、実際にアイデアを形にしているときに、この両方を何度も、しかも高速で繰り返すというものです。

バレーボールでは、試合運びがうまくいっていないときなどに、コーチは「タイム」をとって、気持ちや作戦を仕切り直します。選手のほうからもタイムを要求して、ベンチに戻ることもあります。このイメージで、アイデアを形にしていくのです。

アンコンシャス・バイアスの怖さは、「いつのまにか」振り回されているところです。プレイ&タイムは、そうならないように仕切り直すものです。

自分たちの目的が「自己防衛」にすり替わっていないか。本来の目的である「他者（お客さま）貢献」に向かっているか。「自己正当化や相手を打ち負かすこと」に意識が傾いていないか。自分の主張をゴリ押ししたり、独りよがりになっていたりしないか。

こうした気配を感じたら、「タイム」をとってみてください。

時間に追われているときこそ、アンコンシャス・バイアスに振り回されやすいものです。むしろそういうときほど意識して、「タイム」をとり、立ち戻ることが大切です。

プレイ&タイムは、いわばアンコンシャス・バイアスに振り回されないための、セルフコントロール術だといえるでしょう。

まとめ

プレイ&タイムを実践し、仕切り直す

05 一人ひとりの「自己防衛心」が閉塞感をつくりだしている

事業の成長ステージの最後は、衰退期です。

この衰退期にある組織のメンバーは、閉塞感を感じやすくなっています。

なぜなら新たに始めることよりも「やめること」や「削減すること」が多くなるため、閉塞感はよりいっそう高まるのです。


閉塞感に包まれると、無意識のうちに自己防衛心が強まり、挑戦できなくなります。

この自己防衛心は、「責任転嫁」にも発展しがちです。

現場のメンバーは衰退の原因を経営陣のせいにし、経営陣は現場のメンバーのせいにする。これはお互いの不安からくる、自己防衛心によるものです。

ときには、これが社内ではなく、外部に向かうこともあります。

「環境が変わったから」

「お客さまの嗜好が変わったから」

これもまた自己防衛心からくる自己正当化、いわば「言い訳」です。

このように、事業が衰退し始めると「閉塞感の壁」が生まれ、イノベーションへの活力は無意識のうちに阻害されていきます。

閉塞感の原因は、社員一人ひとりの「自己防衛心」から生まれています。つい、閉塞感に身を委ねて、誰かのせいにしたくなるかもしれません。しかし、それはアンコンシャス・バイアスに振り回されているだけなのです。

イノベーションをおこせるか、おこせないかは、ある意味で、自分の無意識にある「自己防衛心」との戦いなのです。

まとめ
イノベーションは、無意識の自己防衛（言い訳による自己正当化）との戦い

06 本当の「有能さ」は、新たな問題を発見する能力の高さ

能力の高い人材は、どんな組織にとってものどから手が出るほどほしいものだと思います。

しかし「必要な能力」は目に見えないため見極めるのは簡単ではありません。

そのため多くの組織では、自社で優秀といわれるハイパフォーマーを1つの成功モデルとし、自社に「あう」人材を即戦力、有能な人材だとみなしてしまいがちです。

しかし、現実の社会においては、問題自体が見えないことのほうが圧倒的に多いです。

ですから、**求められる能力とは、問題解決能力の高さ以上に、「問題そのものを発見する能力の高さ」「自社のこれまでのやり方を変えていける能力」**なのです。

つまり過去の経験や常識、自己防衛心にとらわれることなく、問題を直視できる人材です。言い換えれば、**「アンコンシャス・バイアスに振り回されにくい人」**は、組織が発展しつづけるために必要な人材だということができます。

こう考えると、経験の少ない新人、他分野や他国から来た人、多くの社員と異なる感性の持ち主の意見や提案は、とても貴重なものに見えるでしょう。

こうした人たちは実績や経験不足を理由に意見が通りにくかったりすることがあります。しかしそれは昔からその組織にいる人たちの自己防衛心から起こっているのです。

イノベーションを実現したいのであれば、「自分とは違った視点の持ち主」、「ときにはこちらを否定するような意見をもつ人材」が活躍できるようにすることが大切です。イノベーションを起こせるチームになれるかどうかは、こうしたリーダーの姿勢で決まるといってもいいでしょう。

まとめ

自分とはまったく異なる視点、経験の持ち主に活躍の場を与える

07 成功体験が多い人材ほど陥りやすい「アインシュテルング効果」

「アインシュテルング効果」という心理学用語をご存じでしょうか。

これは、過去の経験や先入観にとらわれてしまい、もっと良いアイデアや簡単な方法があることに気づけなくなったり、排除したりしてしまうというアンコンシャス・バイアスです。

「チェスの強豪プレーヤーが定跡に精通しているぶん、意外な良手をうっかり見落とすことがある」という実験から生まれた言葉です。

ビジネスの場でも、アインシュテルング効果は頻繁に見られます。

新人や若手の提案をろくに検討もせず、一蹴する。

これまでのやり方にこだわり、変えられない。変わらない。

若いメンバーが「ウエの人は頭がかたい」「どうせ聞いてくれない」とあきらめている。こうしたケースの多くに、このアンコンシャス・バイアスは関わっています。

アインシュテルング効果は、過去の経験や習慣に基づくバイアスです。

ですから、組織においてはベテランや経営陣など上位役職者になればなるほど、アインシュテルング効果が強くなる傾向にあります。無意識のうちに、なじみのあるものにとらわれ、その他の選択肢が見えなくなってしまうのです。

つまり、**成功体験を積んでいる人ほど、モノの見方を変えるのは難しいのです**。

長い歴史をもつ組織、規模の大きな組織ほど、成功体験を積んでいるベテラン管理職やベテラン社員が多いものです。それ自体が、変化に対応しづらく、硬直化しやすい原因の1つにもなるといえます。

イノベーションが起きる組織づくりをめざすリーダーは、このアンコンシャス・バイアス（アインシュテルング効果）を充分に理解したうえで、斬新なアイデアや、過去やこれまでのやり方を変えたいという提案をウェルカムし、耳を傾けるようにしてみてください。

まとめ

成功体験を積んだ人ほどアンコンシャス・バイアスに振り回される可能性がある

08 成果が上がらなくなる「負のループ」にハマっていませんか？

「最近、どうにも成果が上がらない」

この状況は、組織が「負のループ」にハマっている可能性があります。

業績を回復させるために、商品やサービスのラインナップを増やすと、当然、業務量は多くなります。結果、社員の負担が増すだけでなく、仕事のスピードアップが求められます。

すると、新しいことに取り組む余裕が失われ、「従来のやり方にとらわれるアンコンシャス・バイアス」の影響を大きくうけることになります。新しいアイデアが提案されても、過去の経験によるメリット・デメリットばかりに気をとられ、本質的な変化を避けて

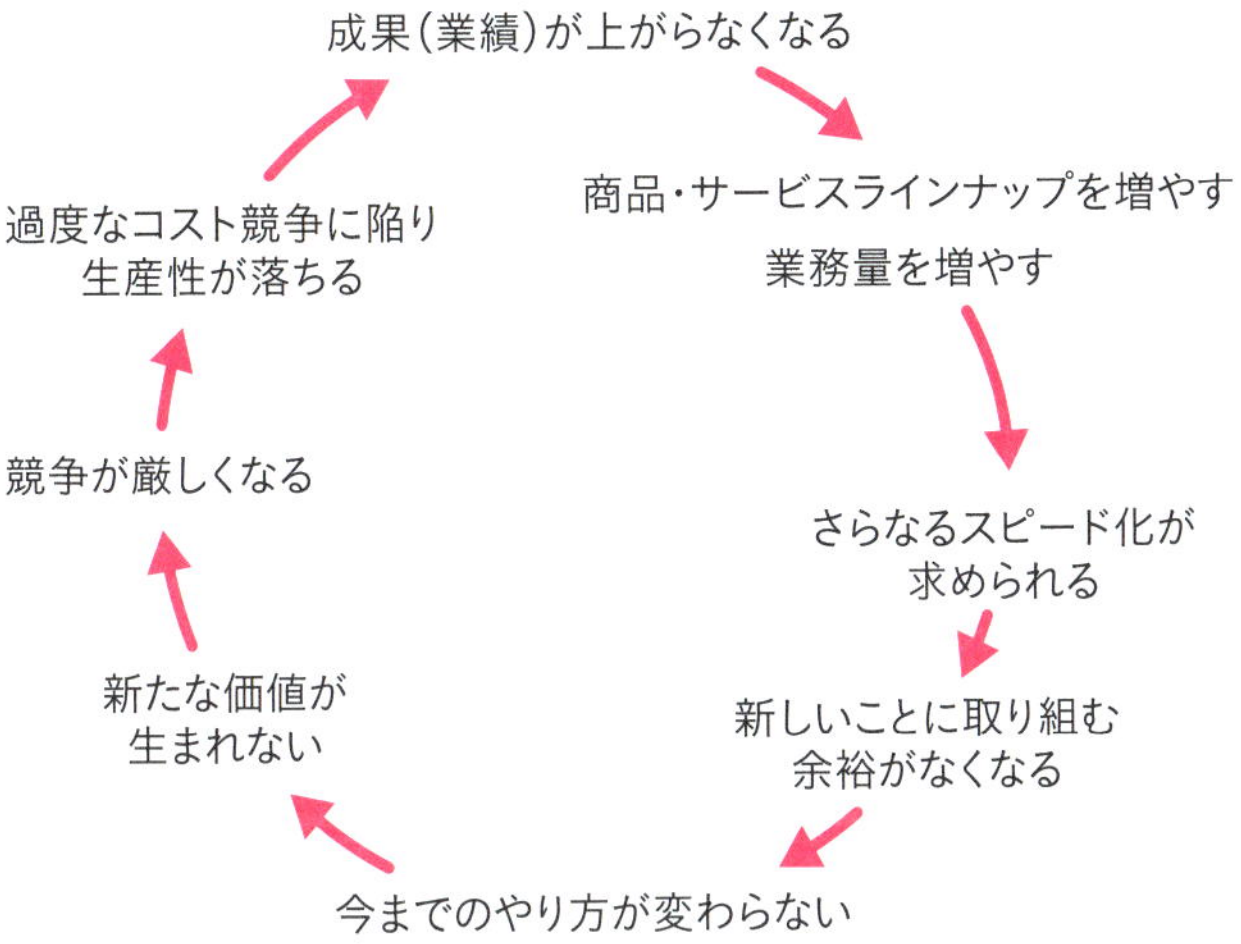
成果（業績）が上がらなくなる
商品・サービスラインナップを増やす
業務量を増やす
さらなるスピード化が
求められる
新しいことに取り組む
余裕がなくなる
今までのやり方が変わらない
新たな価値が
生まれない
競争が厳しくなる
過度なコスト競争に陥り
生産性が落ちる

しまうのです。

こうして生まれた商品やサービスには、新たな価値は生まれにくく、結果として、過度なコスト競争でしか勝負できなくなり、さらには生産性が落ち、成果が上がらないという負のループが続くのです。

こうした**負のループにハマりがちなのは、長い歴史をもち、規模の大きい組織です**。なぜなら、このループはかつて、「正のループ」だったからです。

右肩上がりの時代は、仕事が増える一方で、社員の数も、お客さまの数も増えるので、余裕をもって成果が得られましたが、今は違うのです。

まとめ

アンコンシャス・バイアスによって負のループから脱却できなくなる

09 イノベーションの芽を摘んでしまう「自己正当化ことば」とは？

「そもそも、これで本当にいいんでしょうか」

「色々と考えてみたのですが、こうしてみたらどうですか」

若いメンバーの勇気あるこうした発言は、「イノベーションの芽」となるものです。

ところが、経験豊かなリーダーが、こうした貴重な意見を否定し、せっかくの芽を摘んでしまうことがあります。

こうした場面でリーダーが発しがちな「自己正当化ことば」をいくつかあげてみます。


「そんなに簡単にやれるなら、誰も苦労しない」

「ウエの方針に反するから、あきらめろ」

「キミはまだ、そんなことを考えなくていいから」

「これまで何のトラブルもおきていないから、今のままでいいんだよ」
「わたしも昔、同じことを考えたが、うまくいかなかった」

いずれも、相手の発言を経験不足、未熟なアイデア扱いするものです。無意識の自己防衛から、相手を否定し、自分を正当化しているだけでしかありません。これらの発言はイノベーションの芽を摘むだけでなく、やる気も、やりがいも摘んでしまい、変わるべきチャンスを逃すことにもなるのです。

もちろん、若いメンバーの提案をそのまま採用する必要はありません。「おかしいのでは」「変えられるのでは」という指摘を、即座に否定せず、「そうか。どうすればいいと思う?」と取り上げ、さらなる行動を促すようなきっかけをつくっていけばいいのです。

イノベーションを起こせるリーダーとは、こうした芽を摘まずに、育て、実行へと導く存在です。あなたやあなたのまわりの人たちは「自己正当化ことば」を使っていないでしょうか?

まとめ
無意識に出てしまう自己正当化ことばをやめて、変革の芽を育てる

10 メンバーが失敗から学んだことを「いかに次につなげるか」注目する

メンバーに任せた新サービスが、1年経っても事業化に至らなかったとしましょう。

「1年もあったのにできなかったのか。キミに任せるのは早かったか…」

任せる決断をしたリーダーが残念な気持ちになるのはわかりますが、この発言は、メンバーにショックを与えるだけでなく、イノベーションの芽を完全に摘んでしまいます。

そのメンバーは、この1年間をただ無駄に過ごしていたわけではないはずです。

事業化には至らなかったにしても、その過程で経験したことを教訓としてチームで共有し、次に活かせるようにすることこそがリーダーの仕事です。


イノベーションには、種をまき、芽を育て、大木にして、大きな実を収穫する

というプロセスが求められます。

もちろん、すべてが大木になるわけではありません。当然、淘汰され、残ったものだけがようやく実ります。この過程でリーダーにできることは、メンバーに完璧を求めることではありません。成長しているすべての芽をできるだけ摘まないようにし、確率を上げることです。

「このアイデアは別のサービスにつながるんじゃないか」
「こっちのほうがめざす方向にいくんじゃないか」

このように、できなかったことではなく、「その芽にスポットライトをあて、確率を上げるカタチで関わること」が、イノベーションにつながるのです。

まとめ
メンバーの失敗さえも変革の種にする

11 「若者、よそ者、変わり者」がイノベーションを起こす

「若者、よそ者、変わり者がイノベーションを起こす」

変革をけん引した経験のあるリーダーが口々におっしゃっている言葉です。

わたしはメンターとして慕っている元世界銀行副総裁・西水美恵子さんからお聞きしました。

「経験の少ない若者」、「事情がわかっていないよそ者」、「斬新なアイデアの持ち主などの変わり者」ほど、イノベーションの芽をもっています。

彼らは「イノベーションのきっかけとなるサインを送る」能力に長けています。

イノベーションは問題の解決策よりも、「モノの見方自体を変えること」に主眼があり

ます。つまり、彼らの視点が、大きく見方を変えることに貢献するということです。

そのサインにリーダーは着目し、耳を傾けるのです。

彼らからのサインは、たいていささいな一言です。

「これって、ちょっと変じゃないですか？」

この小さなサインに光をあてるのがリーダーの役目です。この一言に、「それは、どういうこと？」と反応し、受けとめられるかが、非常に重要です。

これこそが、イノベーションのひき出しを開ける行動なのです。

そして次に、その話題をテーブルにあげてみましょう。

「確かに、これは本当に必要なのか？　あたりまえと思っていなかったか？」

「若者、よそ者、変わり者」は、無意識の思いこみに気づかせてくれる貴重な存在です。イノベーションは、多様性（ダイバーシティ）が可能にするものなのです。

まとめ
多様な視点から生まれる変革のサインに光をあてる

第4章の「できることリスト」

- □「あたりまえ」を疑う
- □「前例がない」「これまでのやり方を変えたくない」という自己防衛心を捨てる
- □ 自分とは異なる視点、考え方の持ち主を大切にする
- □ 多様な視点から生まれる変革のサインに光をあててみる
- □ イノベーションの芽を摘むような言動をしていないかに注意する
- □「若者」「よそ者」「変わり者」に耳を傾ける

第5章

「働き方を変えられない」と困惑するリーダーへ

メンバーの自律的成長を促す

01 本当の無駄は自己満足から生まれる

生産性の向上で、よく議題に上がるのが「無駄をなくす」というテーマです。

わたしは、**なくすべき無駄な仕事は「自己満足の仕事」**だと考えています。

自己満足の仕事とは、たとえば次のようなものです。

☑ チーム内の資料なのに、必要以上にきれいにつくる
☑ 上司のチェックを恐れて細かい情報まで網羅する
☑「そこまでしなくて良かったのに」と、いわれるような仕事
☑ 誰かに相談すればすむことも、ひとりで長々と考えこむ

これらはうまくやりたい、失敗したくない、責任を負いたくないという無意識の自己防

衛から生まれる仕事だといえるでしょう。

ある実験では、資料を作成するとき、全体の95%をつくるのに費やした時間と同じだけの時間を、最後の5%に使っているという結果が出たそうです。

もちろん最後の5%が、相手にとって価値のあるものであればまったく問題ありません。こだわって、あと一歩がんばるということもあり得ます。

しかし、それが単なる自己満足であれば、この5%の仕事は無駄でしかありません。重箱の隅をつついて返す仕事の多くは、この無駄な5%ではないでしょうか？

リーダーは、「重箱の隅をつつくような仕事を自分がさせてしまっているのではないか」ということをぜひ自問自答してみてください。

メンバーに聞いてみるのもおすすめです。「無駄だ」と思っている仕事をピックアップしてもらうのです。

無駄だとピックアップされた仕事のなかには、「それは前任者の時代から長年にわたり必要だとされてきた仕事だ。なくすなんてもってのほか」という自身のアンコンシャス・バイアスに気づかされるものがあるかもしれません。

そこから無駄な仕事をなくしてあげられるかは、リーダーの決断次第です。

まとめ → **無駄をなくすには、無意識にやってしまっている自己満足をやめる**

02 遅刻か残業か、どちらをとりますか？

あなたは普段どちらを守ることを重視していますか？
ちなみに「どちらも」という答えは避けて、あえてどちらか一方を選んでください。

①
A（1日の仕事の始まりのときに）遅刻しないようにする
B（1日の仕事の終わりのときに）残業しないようにする

②
A 会議の始まりは1分でも遅れないようにする
B 会議の終わりは1分でも長引かないようにする

③A　仕事を時間どおりに始めることが生産性に影響する
B　仕事を時間どおりに終えることが生産性に影響する

質問①と②は「A」と答える方がかなりいます。
ところが、質問③では「B」と答える方のほうが多いのです。

じつはこの3つの質問は同じことを聞いています。つまり、本来なら3つとも「A」となるか、3つとも「B」となるはずなのです。それなのに、多くの人は質問①と②では「規律を重視しているA」と答え、質問③では、それとは違う「生産性を重視しているB」と答えるのです。

ここからわかるのは、仕事をきっちり始めることよりも、きっちり終えることのほうが生産性に影響することがわかっているのに、**わたしたちは無意識のうちに「始める」ことを重視してしまっているということです。つまり、普段の意識は「生産性」よりも「規律」のほうを重視している**といえるでしょう。

このアンコンシャス・バイアスが、働き方を変えられない要因にもなっているのです。

まとめ
生産性を意識しているつもりでも、無意識のうちに規律を重視してしまう

03 生産性を向上させるカギ

「生産性を高めたい」と誰もが口にします。

しかし、その一方で、無意識にはその実現を妨げてしまう心理が潜んでいます。

生産性の高低は、時間やヒト・モノ・カネといった投入に対し、どれだけのものを生み出したかで決まります。ですから、生産性を高めるには、「投入を減らす」か、「生み出すものを増やす」というのが基本的な考え方です。

生産性を高めるために、まず「投入を減らす」ことを考えてみましょう。

「今抱えている仕事のなかでやめられるものはありますか?」

「残業を限りなくゼロにできますか?」

「朝のミーティングをなくせますか?」
「定例会議をいくつなくせますか?」

減らすことは簡単ではありません。無駄な書類、無駄な会議、無駄な時間を見つけるには、無意識の習慣や慣例に目をむける必要があります。

今度は「生み出すものを増やす」を考えてみましょう。

何かを生み出すには、一定の苦労をともないます。ひと手間かけなければ、価値はあがりません。考え抜かなければ、アイデアは生み出せません。忙しい日常のなかで「ひと手間かける」「しっかり考え抜く」ことを続けるのはなかなか難しいのではないでしょうか。目の前のことについ気をとられ、問題を先延ばししてしまう無意識のはたらきが妨げになっていないかを確認する必要があります。

生産性の向上は、「日常の無意識に気がつくこと」から始まります。

まとめ

生産性の向上には、日常の無意識のはたらきに気をつけることが欠かせない

04 「多様な働き方を認める」ことに不安ですか？

本質的にはリーダーとメンバーのあいだに上下関係はなく、そこにあるのは信頼関係です。

その一方で、組織には役職や肩書きがあり、ピラミッド構造ができています。役職や肩書きがあらわすものは「権限」です。つまり、管理職と非管理職のあいだには「権限の有無」が明確にあります。

では権限とは何でしょうか。

「権限」の「権」という字の語源は、重さをはかる秤《はかり》だとする説があります。つまり「権」には「バランスをとる」という意味があるのです。

古来の帝王学でも、権力をもつリーダーには、民を幸せにしながらその地を治めるバランスが必要と説かれてきました。この考えからみると「権限を行使する」とは「管理職であるわたしのいうことを聞きなさい」という意味ではないことがわかります。

「あなたのために、わたしができることは何か」を考えて実行する。いわば、社員の幸せのために貢献することが、「権限を行使する」という言葉の本来の意味なのです。

「社員を思いどおりに動かすために」権限を行使する＝自己防衛
「社員の幸せのために」権限を行使する＝相手貢献

この違いは、とても大きいのではないでしょうか。

多様な働き方を認めることは、「社員の幸せのため」という目的が大前提にあります。在宅勤務などをはじめとした多様な働き方を認めることに不安を感じるリーダーもいるようですが、ここでぜひ考えてほしいことがあります。

「自由な働き方は重大なミスにつながるかもしれない」「仕事をさぼるメンバーもいるかもしれない」などと心配してしまうのは、あなたのアンコンシャス・バイアスではありませんか？

まとめ
アンコンシャス・バイアスが多様な働き方の壁となっている

05 リーダーのアンコンシャス・バイアスは、メンバーのキャリアに影響する

同じような年齢、同じような能力をもつ男性と女性がいたとします。
あなたは、次の仕事をどちらに任せますか？

A　新規開拓が必要な仕事
B　フォローやサポートを中心とした仕事

では、次の仕事は、どちらに担当してもらいますか？

A　出張や残業が多くなることがわかっている仕事
B　出張や残業がない仕事

研修でこの質問をすると多くの人が、男性にはA、女性にはBを任せると回答します。これは、性別に対するアンコンシャス・バイアスが影響しています。具体的には、「女性は残業や出張が続くと、体力が続かない」といった思いこみや、「男性は、どんな仕事でも文句を言わずにやる」といった思いこみが原因です。

短期的には、男女のどちらに仕事をアサインしようと、大きな問題にはなりませんが、長期的に見ると、このアンコンシャス・バイアスは、メンバーの経験値、成長曲線、キャリア形成に大きな影響をおよぼします。

キャリアは、その人の仕事人生を大きく変えるものです。そして、その人の自信や自己効力感にもつながります。リーダーのアンコンシャス・バイアスが、その人の人生にまで影響していることに気がついてほしいのです。

まとめ

性別に対するアンコンシャス・バイアスに気づこう

06 「指示や命令」が本当に必要か考える

「いちいち指示をしなくても、自分で考えて動いてほしい」と思っているリーダーは少なくありません。しかし、トラブルや何かしらの問題を察知すると、リーダーはつい、指示や命令を出したくなってしまうものです。

ひとたびリーダーが指示を出してしまうと、メンバーは「指示に従えば良い」という心理がはたらき、「考えること」を放棄し、主体的に動く状態から遠ざかります。

これが日々、繰り返されると、メンバーは指示待ち状態となり、与えられた仕事をこなすことに気をとられ、まわりの状況に無関心になってしまうでしょう。

この「負のループ」を図にすると、次のようになります。

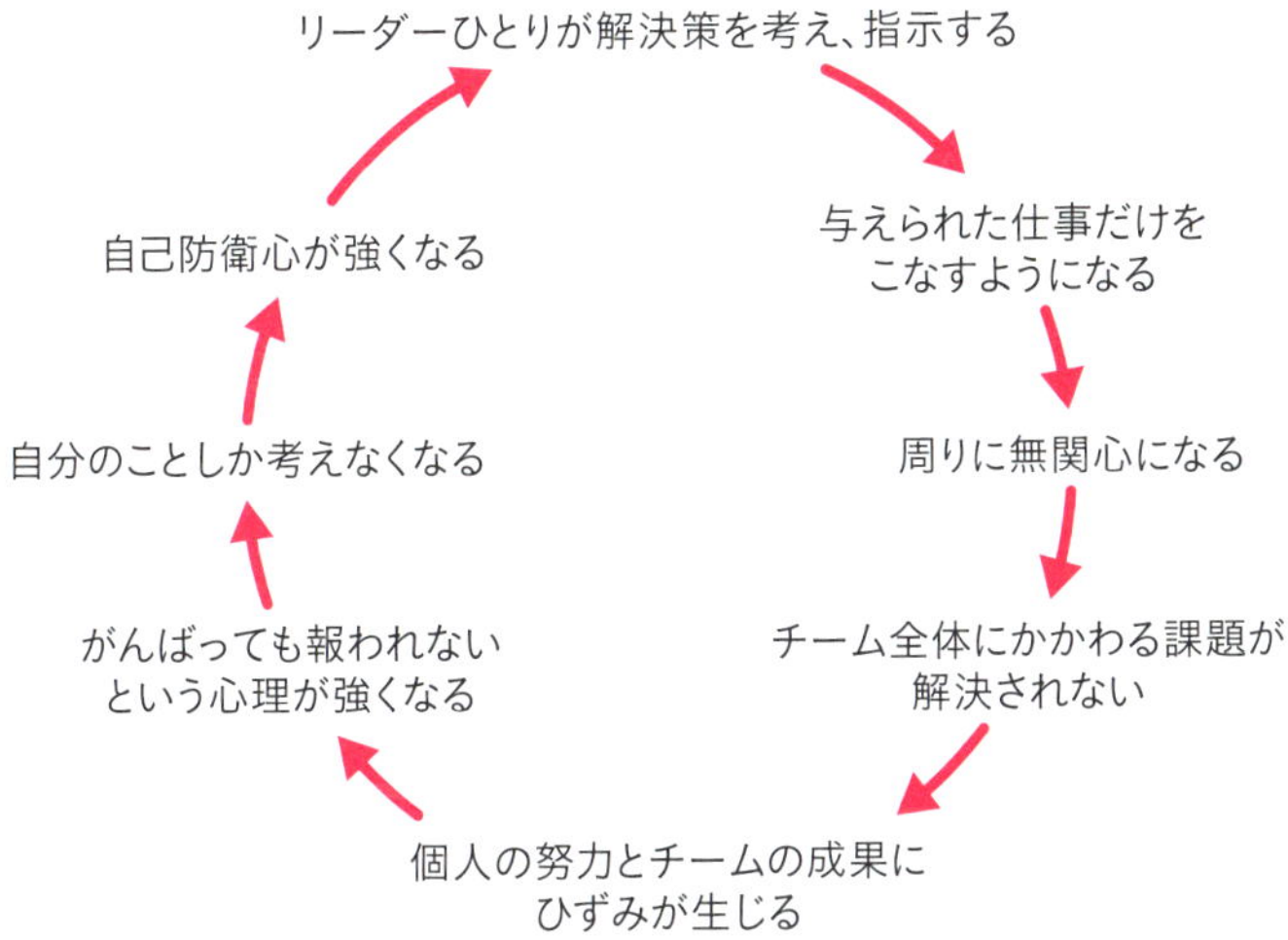

このループに巻きこまれると、誰も**自分自身に関係のない問題を拾おうとはしません。**

この循環が解消されない限り、永久に「指示や命令」が必要になってしまいます。

リーダーは「自分がいないとダメだ」「自分が指示を出さないとトラブルが解消されない」「この問題はうちのメンバーには無理だ」といったアンコンシャス・バイアスにとらわれていないかをぜひ、自問自答してみてください。

そこからきっと変われるはずです。

まとめ

指示に頼ると、メンバーの自律性を奪う負のループに陥ってしまう

07 誰のために、何のために働いていますか？

働き方を変えていくカギには、

「誰のために、何のために働くのか？」

という問いを、メンバー一人ひとりが考えることです。

この答えがわからなければ、何が成果なのかもわかりません。

自分の仕事の意義や目的を見出すこともできません。

アンコンシャス・バイアスのネガティブな影響や負のループから脱するには、リーダーが率先して、チームのメンバーに今一度、

「みなさんは、いったい誰のために、何のために働くのか？」

ということを問う必要があるのではないでしょうか。

そこから成果を再定義してみてください。

仕事の成果を「自分たちの利益を上げる」ではなく、相手への貢献をキーワードに「○○に貢献する」といったカタチで、再定義するのです。

これは、大きなくくりではなく、小さな1つ1つの仕事のレベルで再定義します。

さらに、期間単位ではなく、時間単位で成果を見ることも大切です。

成果を「刻む」といってもいいでしょう。

なぜなら、アンコンシャス・バイアスは、とっさの、小さな1つ1つの行動に影響をおよぼしているからです。

成果とは、相手への貢献によってもたらされるものです。

この基本原理を改めて日常の1つ1つの仕事のなかで見ていくことこそが、働き方を変えていくエンジンとなるのです。

まとめ

「誰のために、何のために働くのか」を問うところから働き方は変わる

08 他者評価は、メンバーの「評価依存」をひき起こす

仕事の成果を判断する手法として、多くの企業が「評価制度」を取り入れています。しかし、評価制度には注意が必要です。

とくに**他者評価は、メンバーの「評価依存」をひき起こすことがあります**。

これは、お客さまのため、社会のためといった本来の仕事の目的を見失い、「リーダーに、いかに良い評価をつけてもらえるのか」という結果ばかりを意識して動いてしまうという心理現象です。「評価結果をよくするために」というアンコンシャス・バイアスが、誰のため何のための仕事かをくもらせてしまうのです。

ある小学生の話です。

その子は、体育の授業中に逆上がりができず、放課後に居残って先生と一緒に逆上がりの練習をしていました。その結果、見事に逆上がりができるようになり、大喜び。そのとき、その子が先生にいった言葉はこうでした。

「ヤッター！　先生にやっとほめてもらえた!!」

つまり、その子は逆上がりができることには興味はなく、ただ先生にほめられるためだけにがんばっていたのです。

同じことが、わたしたち大人にも起こっているのではないでしょうか。

そもそも評価とは、その人の「価値」を「正しく見る（評する）」という意味です。

アンコンシャス・バイアスは誰にでもあるものですから、他人を客観的に評価することはとても難しいものです。どんなに気をつけようとしても多少の「歪み」や「偏り」は生じます。

どんなに評価の指標を明確にしていても、その指標の解釈は人によって違うからです。

まとめ

メンバーが「評価依存」にならないように結果だけでなく仕事ぶりにも注目する

第5章の「できることリスト」

- □「自己満足」の仕事をやめる
- □ メンバーの「無駄な仕事」をなくしてあげる
- □ 無意識の「習慣」や「慣例」に目をむけて、無駄な書類、無駄な会議、無駄な時間を見つけてなくす
- □「誰のために、何のために働くのか」を問う
- □ 多様な働き方を認める

終章

無意識に振り回されない組織をつくる

01 組織的なアンコンシャス・バイアスがもっとも危険

アンコンシャス・バイアスは個人の「無意識の思いこみ」です。しかし本書で解説してきたように、その影響は組織にもおよびます。とりわけ危険なのは、個人を超えて組織的なアンコンシャス・バイアスが生まれるケースです。

組織は、ときとして信じられないほど不合理な方向に突き進むことがあります。心理学で「集団思考」または「集団浅慮《せんりょ》」と呼ばれる現象です。これは、社員全員が同じ考えにとらわれてしまい、自分たちの間違いに気づきにくくなってしまうものです。

歴史を紐解けば、集団思考が何度も悲劇をもたらしていることがわかりますし、身近なところでも近い状況になることはよくあります。

違和感があっても「これは違うんじゃないか」とはいい出せない。誰もいい出さない。「それは間違いだ」と指摘してくれる人が現れても「うちはそういうルールだから」「みんながそうしてるから」「これまでずっとそうだったから」という気持ちがぬぐいきれず、受け入れられない。

その一方で、集団思考には、目標に向かって力強く進むことができるという特性もあります。メンバー全員が同じように考え、異論を挟まず、一直線に行動できるからです。

まさに「一致団結」の状態だといえるでしょう。

これは、リーダーから見ると、理想の組織のイメージに近いので、この状態を維持したくなってしまうかもしれません。しかし、集団思考のマイナス面を理解しておかなければ、組織全体がとても危険な状況に知らず知らずのうちに陥ってしまうことがあるのです。

集団思考に陥らないようにするポイントは、メンバーや周囲からの反対意見や違和感を見逃さず、きちんと受け止めることです。

まとめ

一致団結しているときほど、周囲からでた反対意見も受けとめること

02 あと出しジャンケンができなくなる雰囲気をつくらない

集団思考は、たった1時間の会議でも起こります。

会議中に反対意見を述べたいと思ったメンバーが「意見をいいづらい」という心理状態になったときは、まさに集団思考が生まれています。

このメンバーが会議後、リーダーのところにやってきたとしましょう。

「やはり先ほどの決定には違和感があるのですが…」

こう切り出されたら、あなたはどんな反応をするでしょうか？

「あと出しジャンケンはするな。意見があるなら、会議でいってほしい」

と、いいたくなるかもしれません。でも、それではもともこもありません。なぜなら、そもそも**「いい出しづらい雰囲気」をつくってしまっていることが諸悪の根源**だからです。

その意見は、会議中に生まれた集団思考のなかでは、いいづらかったわけです。

そこには、集団思考により見落としていた重大なことが隠されているかもしれません。

理想は、会議の出席者が集団思考に陥る前に、リーダー自らが、

「盛り上がっているところ申し訳ないが、違和感や反対意見がある人はいない？」

こんなふうに意見を求めるのがベストでしょう。

他のメンバーからは「せっかく会議で決めたのに、どうして再検討なのですか？」という反論が出るかもしれません。

しかし、たとえ、あと出しジャンケンであっても、集団思考に組織全体が巻きこまれないためには、**たったひとりのメンバーの違和感を大切にしてチームを導く**、という姿勢も大切なのです。

まとめ

会議中の集団思考に気づくには、メンバーの違和感に注目することが大事

03 アンコンシャス・バイアスが組織のカルチャーをつくる

どんな組織にも、立ち上げたばかりの組織であっても、かならずカルチャーはあります。組織のカルチャーとは、いわば、組織の習慣のようなものだといえるでしょう。暗黙の了解となっていて、理由もなく「合理的だ」と感じられるものがカルチャーです。

最初は、あるひとりの考え方から生まれます。その考え方が言葉となり、行動を生み、それが習慣になっていきます。この習慣の連鎖がカルチャーの原型です。

たとえば「信賞必罰が重要だ」と考えているリーダーがいるとしましょう。成績の良いメンバーは称賛し賞を与え、悪いメンバーには罰則を与えます。この行動習慣によって、信賞必罰のカルチャーが定着していきます。この利害関係が強まると、メンバーはリーダーに対してどんどん従順になっていくでしょう。

これが、リーダーに誰もNOといわない、「YESマンばかりを生み出す組織のカルチャー」「トップダウンでしか動かないカルチャー」が形成されるプロセスです。

信賞必罰自体を「悪い」とはいい切れません。そのリーダーは過去の経験から、信賞必罰が必要と信じているのですから、それは個人の信念です。

一方で、こうしたリーダーに従順に従うメンバーのことも「悪い」とはいえません。そうすることで自分を守ることができている以上、自分の力で脱することはなかなかできないものです。

もうお気づきでしょう。組織のカルチャーは、このように一人ひとりのアンコンシャス・バイアスによって形成されるのです。そして、**一度できたカルチャーは、一人ひとりの自己防衛心によって強化され、変わりにくくなるのです**。

まとめ

カルチャーは、メンバーの無意識がつくり、強化し、変えがたいものとなる

04 公式ルールよりも非公式ルールを重んじるというバイアス

組織のルールには「公式なもの」と「非公式なもの」があります。

公式ルールとは、人事制度や決まった業務プロセスのように、組織全般に通用していて、明文化されているものです。

非公式ルールとは、関わる人同士がお互いに暗黙のうちにつくっているものです。「お互いに隠し事はやめよう」「あなたがやるなら、サポートするよ」といった、特定の人と人のあいだで生まれる暗黙の約束です。

調査をすると、大半の人は非公式ルールを重視する傾向があるという結果が出ます。

非公式なルールは関係性の深い人たちと共有している決まりごとです。そのため、こちらのほうが人生にとって重要だと無意識のうちに感じ、守りたくなるのだと考えられます。

問題は、この非公式ルールがネガティブなものだった場合です。

「会社の常識は、社会の非常識」

こうした言葉があるのは、わたしたちが非公式なルールを重んじている証拠といえるでしょう。社会的なルールよりも、会社のなかにある非公式のルールを優先した結果、こうした言葉が生まれたのです。

このバイアスは、ときに重大なコンプライアンス違反や企業犯罪をひき起こすことがあります。外部からは「どう考えてもおかしい」としか思えないようなケースでも、当人たちは、世間から指摘されるまでそのことに気づきません。

社内のルール、業界の悪しき慣習、といったネガティブな非公式ルールにとらわれている組織は、「正しい」と思いこんだまま、とんでもない方向へと進んでしまうことがあるのです。

法律は知っていても「非公式ルールを守るほうが大切だ」となぜか思いこんでしまうのが、このアンコンシャス・バイアスの恐ろしさです。

まとめ

内輪のルールを「正しい」と盲信するのは、無意識の思いこみ

05 「非公式ルール」が組織の壁をつくる

「それは営業部門としては納得できない」

「そんなことをされたら開発部門から文句が出る」

こうしたやりとりを耳にしたことはないでしょうか？

部門と部門のあいだにできる「壁」、いわゆるセクショナリズムというものです。

「うちは縦割りの組織だから仕方がない」という釈明を聞くことがありますが、こうした部門間の壁ができてしまうのは、縦割りという制度が原因ではありません。

セクショナリズムの原因は、それぞれの部門組織に生まれている「非公式ルール」です。

非公式ルールの多くは、その部門にとって都合が良いようにつくられているため、部門の利益を守ろうとするアンコンシャス・バイアスにより、衝突がうまれます。

こうした衝突は、会社の内部だけではなく、会社間、国家間でも起こります。誰もが自分の所属している組織の利益を守りたいものでしょう。それは「自分を守りたい」という無意識の自己防衛と本質的には同じものなのです。

ここで欠かせないのが「歩み寄る」という大切な行動原則です。衝突したまま、協力できないのは、お互いが相手を自分のルールに従わせようとするからです。

こうした衝突に直面するリーダーは、矢面《やおもて》に立つ役割があります。そこで相手をやりこめようとしてはいけません。「部門同士が衝突することは当然」と思い、**相手の非公式ルールを知り、自分たちの非公式ルールも知り、どこに協力できるところがあるかを見出すようにしてください**。

そして、少しでも協力し合うことができれば、結果として自分たちの部門や組織の成果をあげることになります。

メンバーがもつ自己防衛心も、そうすることでお互いに軽減していくでしょう。

まとめ

セクショナリズムの原因は、各部門の無意識から生まれる非公式ルール

06 誰にでもある嫉妬心

誰にでも嫉妬心はあります。

嫉妬のほとんどは無意識の心理なので、自分でも気づいていないことがよくあります。

嫉妬を生み出すのは「自分の大切にしているものを、この相手に奪われるのではないか」という強い不安、恐怖からくる自己防衛心です。この嫉妬が、組織で起こるイジメやハラスメントの大きな要因になっています。

冷静に考えれば、相手を傷つけても、何の得もないのです。しかし、それがとっさにはわからず、「つい」やってしまうのです。こうした無意識の行動は、自分でも未然に防ぎにくいというのが難しいところです。

嫉妬は、組織内の利害関係から生まれます。

利害関係が強くなるほど、上下意識も強くなります。すると、強いものが弱いものに対して、立場の上の人が下の人に対して、多数派が少数派に対して、イジメやハラスメントを起こしてしまいやすくなります。

組織のメンバーは、誰もが大切な存在です。そんな相手を、嫉妬というアンコンシャス・バイアスに振り回されて傷つけてしまう。これほど残念なことはありません。

「わたしの指示どおりに動いて」ではなく「あなたのためにわたしは何ができるか」

「あなたのような人はいらない」ではなく「わたしがあなたにとって必要になるには」

お互いの利害を超えられるのは、お互いの尊厳を守りあう心の姿勢だけです。

「あなたが大切」という心理は、絶対になくしてはいけません。

まとめ

イジメやハラスメントの原因となる嫉妬は、無意識の自己防衛から生まれる

07 「自分ゴト」として動くか？「他人ゴト」として動かないか？

カルチャーは、組織によって異なり、とてもバラエティに富んでいます。

同じ人は2人いないのと同じように、組織にも1つとして同じカルチャーはありません。


「うちの会社は○○だから他とは違う」

「うちの会社には△△という特徴が昔からある」

こうした言葉はいずれもカルチャーをあらわしたものだといえるでしょう。

カルチャーには多様な側面があり一概に論じることは難しいのですが、わたしがもっとも大事だと考えているポイントは次のことです。


「自分ゴトとして動くカルチャーか、他人ゴトとして動かないカルチャーか」

自分ゴトのカルチャーをもつ組織は、解決したい問題や課題に対して、ほとんどのメンバーが「自分ならこうやる」と考え、「なんとかしよう」と自ら動きます。言い訳や責任の押しつけは少なく、社内での発言の主語は「わたし」です。

他人ゴトのカルチャーをもつ組織のメンバーは、指示がなければ動きません。まるで評論家のように周囲を分析し、責任の所在を明確にしたがります。「あなたの部署がやることでは?」など、自分以外を主語にすることが多くなります。

他人ゴトになりやすいのは、アンコンシャス・バイアスの自己防衛心がはたらくからです。**無意識のうちに、自分は責任を負いたくないという脳のストレス回避機能が他人ゴトで考える状態を生む**のです。

アンコンシャス・バイアスの影響を受けにくく、環境の変化に対して柔軟に対応できる組織は、どちらのカルチャーなのかはおのずとわかります。

そうです、自分ゴトで動くカルチャーのある組織です。

まとめ

自分ゴトで動くカルチャーは組織的なアンコンシャス・バイアスの影響を受けにくい

08 その解決策は「他人ゴト」ではないですか？

本書をここまで読んでいただいて「だからあの人は…」とか「だからうちの会社は…」と感じた人もおられるのではないでしょうか。ただし、残念ながらその考え方こそが、他人ゴトのカルチャーのなかにいる証《あかし》なのかもしれません。**自分ゴトのカルチャーは「わたしは何をどうするか？」をひたすら考えていくことで生み出されていきます**。

その組織のカルチャーが、自分ゴトか、他人ゴトかを見分けるのは簡単です。

社内の問題解決についての発言にヒントがあります。これはある会社での会話です。

「うちの会社は、人材育成が大きな課題だね」

「**そうですね。うちの会社も企業研修とかOJTとか、やらないんですかね**」

わかりましたか？

ポイントは、解決策のアイデアの主語を誰にしているかです。２人の主語は「うちの会社」ですから、まさに他人ゴトのカルチャーだということがわかります。

自分ゴトのカルチャーであればこうなります。

「うちの会社は、人材育成が大きな課題だね」

「**そうですね。来月の会議で育成のアイデアを上司に提案してみましょうか**」

問題があるのなら、自分のできることを、できる範囲でやっていこうとする。

これが自分ゴトのカルチャーです。

一人ひとりが、自分ゴトの発想や行動を、自分ゴトで受けとめてサポートする。それが、自分ゴトが掛け合わさっていくカルチャーを育むことになります。

組織のカルチャーをつくり出すのは、あなた自身です。

まとめ

問題解決を考えるときの主語が他人ゴトになっていないか

09 「他人ゴト体質」からの脱却

組織の問題の解決策を考えるときに、何でもかんでも、制度やルールで解決しようとしていると、主語がまったく見えない状態に陥ります。

なぜなら、制度やルールは、依存体質を生み出しやすいからです。

一度できあがると、自分を主語に考えることをしなくなり「それがルールだから」「そういう制度だから」という理由で動くようになってしまいます。

やがては、こんな会話が交わされるようになるかもしれません。

「君はどうして、こんな問題をひき起こしたんだい？」

「だって、ルールにありませんでしたから」

コンプライアンス違反などの問題の多くは、他人ゴトのカルチャーやルール依存の体質から生まれていると、わたしは考えています。

なぜなら、コンプライアンス違反はルールで取り締まる傾向の強いものだからです。

そのため逆に「ルールになかったから」「ルールを知らなかったから」という理由で、新たな問題が起きているのではないでしょうか。

こうした問題が大きく報じられると、それを防ごうと、さらに新たなルールをつくることがあります。しかし、これは際限のない負のループにハマる道だと思います。

そもそも「自分がそれをやったら、誰かに迷惑がかからないか？」とわたしを主語に考えて動いていれば、たいていのコンプライアンス違反や問題行動は防げるものです。

「この問題を、今後わたしはどう防ごうか？」

「この問題の再発を防ぐために、わたしにできることは？」

ぜひ、まずはこの問いから始めてみてください。

まとめ

問題が起こるたびに安易にルールばかりを増やすのは負のループにハマる道

10 「失敗ストーリー」を考えてみる

組織的なアンコンシャス・バイアスに、どうすれば振り回されなくなるのでしょうか。

その方法の1つが「失敗ストーリーを考えてみること」です。

「どうすればうまくいくか？」という問いではなく「どうすれば良くない方向にいってしまうか？」という問いを立てながら、失敗ストーリーを考えるのです。

組織的アンコンシャス・バイアスの恐ろしいところは、知らず知らずのうちに良くない方向に突き進んでしまうところでした。ですから、メンバー一人ひとりがそれを自覚するために、あえて「良くない方向にいく」ケースを考えるのです。

この**「失敗ストーリー」を、チームのメンバーで、なるべくたくさん考え、「わたしたちはこうして失敗する」というストーリーをつくってみましょう**。過去に起こった自分たちの失敗例を参考にするのも良い方法です。

アンコンシャス・バイアスが誰にでもあるように、「知らず知らずのうちの失敗経験」は誰にでもあります。誰にでもあることだからこそ、共感を呼ぶし、共有もでき、「自分にもあるかもしれない」という自己認知が生まれます。

もしもこれが成功ストーリーだと「条件さえ合えば」といってみたり、「あの人はできるだろうけど」と言い訳をすることが可能になります。すると、自分ができないことを自己正当化するアンコンシャス・バイアスに振り回される結果になりがちです。

組織全体にアンコンシャス・バイアスによるネガティブな影響をもたらすのは、メンバー一人ひとりの日常の、とっさの判断や行動です。

序章で述べた車の運転と同じで、「うまい運転方法」を考えるより、とっさのときの「失敗する運転」「事故を起こす運転」を考えたほうが、結果として無事故で目的地まで進めるようになるのです。

まとめ

「わたしたちはこうして失敗する」というストーリーをチームで共有する

行動原則11 無意識に振り回されない組織をつくる

組織とは共同体です。ともに幸せに生きていくためにどうしても必要なものです。

無意識の自己防衛による奪い合いは、この大切な共同体を壊すことにつながります。

幸いなことに、人には、自分を守ろうとする自己防衛の心理と同時に、「相手の役に立ちたい、守りたいという他者貢献の心理」も備わっています。


他者貢献は相手に「ウレシイ」と思ってもらいたいという心理です。多くの人が無報酬でもボランティア活動に従事しようとするのは、この心理ゆえだといえるでしょう。

この「他者貢献」の心理を、組織の問題解消のために、意図的にかきたてるのです。

相手からお願い事をされたときには、

「えっ⁉　わたしが？」や「今、忙しいのに……」と考えるのではなく、はじめは少しでも、ときどきでも構わないので、「わたしにできることなら喜んでやりましょう」といってみてください。

相手から「悩み」を相談されたら、「そんなこと自分で考えてほしい」「自分なりに答えを見出してほしい」と思わずに、少しでも、ときどきでも、「わたしにできることをやってみましょう」といってみてください。

「あなたのおかげで今のわたしがあります。ありがとうございます」という感情が、同じ組織の仲間とのあいだに生まれることは最高の状態ではないでしょうか。

組織にいる一人ひとりの責任とは「誰かのために、何かのために、自分ができることをできるかぎりやる」ということだとわたしは考えます。

「お互いのために貢献しようとすること」こそが、本当の意味での責任感です。そして、それこそが、アンコンシャス・バイアスに振り回されない組織をつくる行動原則なのです。

まとめ

お互いのために貢献しようとすることが、本当の意味での責任感

終章の「できることリスト」

- □ 周囲からの反対意見に耳を傾けてみる
- □ お互いのために貢献しようとすることを、行動原則の第一にしてみる
- □ 自分ゴトで動く
- □ 発言の主語は「わたし」にする
- □ 誰かのために、何かのために、自分ができることをできる限りする

人生の意味は貢献である、
と理解する人だけが、
勇気と成功の機会を持って、
困難に対処することができる。

——アルフレッド・アドラー

「人生の意味の心理学」アルフレッド・アドラー著／
岸見一郎訳（アルテ）より

おわりに

アンコンシャス・バイアスは自分を変えるきっかけを与えてくれるもの

なぜ、わたしが「アンコンシャス・バイアス」について書きたいと思ったのか。

それは、16歳のときにさかのぼります。

当時、わたしの母は、経営者として国内外をとびまわっていました。

わたしの目に映る母は「イキイキと仕事を楽しむ姿」のときもあれば、「険しい表情で、思い悩み、苦しんでいる姿」のときもありました。

社員のみなさんも同じく、イキイキと楽しんでいるときもあれば、そうでないときもあるように、子どもながらに感じていました。

そうした大人たちの姿を横で見ていて「人生、いつも楽しい状態であり続けることは難しいものなのか」と思い、自分の将来に不安を感じることもありました。

「ぼくはどんな仕事をするのだろう。それは楽しいことなのだろうか」

学校が楽しくて仕方ない時期だったこともあり、大人たちのその姿に、将来への漠然とした不安を抱くようになっていきました。

そんなある日、恩師から1冊の本をもらいました。

ヴィクトル・フランクルの『夜と霧』です。少し難しい本でしたが、夢中で何度も読み返しました。ナチス・ドイツの強制収容所での体験をもとに、心理学者のフランクルが人の本質をつぶさに分析している本でした。

この本との出合いがきっかけとなり、ユングやフロイト、フロムをはじめとした「無意識」の心理を説いた心理学者たちの本を読み漁るようになりました。

この当時、わたしが思ったことは「人は人を苦しめることができる一方で、人は人をきっかけにして希望も生まれる」ということでした。それも、無意識のうちに。

誰かとともに生きていくと、自分や相手を苦しめる何かが、知らず知らずのうちに生じてしまうことがある。その一方で、誰かとともに生きていくことで、希望も生まれる。

そういうことを、当時のわたしは思っていたのです。

それから約30年が経ち、「誰かの、何かのために仕事をしたい」と思うなかで、今ではリーダーのみなさんの悩みにこたえる仕事をしています。そして、多くのリーダーの苦悩、葛藤を聞くうちに、高校時代の思いがふつふつとわいてきました。

これまでの人生を振り返れば、離婚で家庭が崩壊するという経験をしたり、うつ病になったりということもあり、決して順風満帆な人生ではありませんでした。

でも、もがき苦しんでいるとき、ふと思い出し、救ってくれたのが「無意識」の世界がおよぼす影響の存在だったのです。

本書は、ひとりでも多くの方に「アンコンシャス・バイアスに振り回されることなく、あなたに関わるすべての人たちとともに、イキイキとした時間を過ごしていただきたい」と、その一心で書かせていただきました。

最後に1つ、お願いがあります。

アンコンシャス・バイアスに振り回されず、慕われるリーダーでありたいあなたに、ぜひいつも問いかけていただきたい「問い」があります。

「**これって、わたしのアンコンシャス・バイアス？**」

相手がちょっと不穏な表情を見せたとき、
コミュニケーションがすれ違って、平行線をたどっていると感じたとき、
メンバーのやる気が損なわれている気がしたとき、

そんなときにこそ、この「問い」をあなた自身にむけてほしいのです。
そして「今、わたしがこの人に貢献できることは何だろう？」と考えてみてほしいのです。そうすれば、きっと、悩みが解消に向かっていく感覚が得られるでしょう。

この「問い」を、相手にむけては使ってほしくないのです。
「それって、あなたのアンコンシャス・バイアス？」

とはいってほしくありません。そういっては、いけません。

なぜなら、相手にむけて使うのは、無意識の自己防衛でしかないからです。

アンコンシャス・バイアスは誰にでもあるものです。大切なことは、アンコンシャス・バイアスにむき合い続けることです。そうすることが、人として、リーダーとしてのあなたの成長を促す「変わるきっかけづくり」となるでしょう。


「これって、わたしのアンコンシャス・バイアス?」

という問いをぜひ、始めてみてください。


最後に。いつもわたしを支えてくださっているみなさまには感謝の気持ちでいっぱいです。そしてわたしのなかにある「無意識のとらわれ」に気づかせてくれる妻、変わるきっかけをくれる妻に、心からの感謝を。

最後の最後までお読みいただき、本当にありがとうございました。

２０１７年10月　守屋智敬

参考文献

『無意識の心理』C・G・ユング著／高橋義孝訳（人文書院）
『自我と無意識』C・G・ユング著／松代洋一・渡辺学訳（思索社）
『無意識の構造』河合隼雄著（中公新書）
『自由からの逃走』エーリッヒ・フロム著／日高六郎訳（東京創元社）
『人生の意味の心理学』アルフレッド・アドラー著／岸見一郎訳（アルテ）
『学習する組織』ピーター・M・センゲ著、枝廣淳子、小田理一郎、中小路佳代子訳（英治出版）
『完全なる経営』A・H・マズロー著、金井壽宏監訳、大川修二訳（日本経済新聞社）
『組織の罠　人間行動の現実』クリス・アージリス著／河野昭三監訳（文眞堂）
『行動意思決定論　バイアスの罠』M・H・ベイザーマン、D・A・ムーア著／長瀬勝彦訳（白桃書房）
『不合理　誰もがまぬがれない思考の罠100』スチュアート・サザーランド著／佐藤和子、杉浦茂樹訳（阪急コミュニケーションズ）
『錯覚の科学』クリストファー・チャブリス、ダニエル・シモンズ著／木村博江訳（文藝春秋）
『パラダイムの魔力』ジョエル・バーカー著／内田和成（序文）、仁平和夫訳（日経BP社）
『なぜ人と組織は変われないのか』ロバート・キーガン著／リサ・ラスコウ・レイヒー著／池村千秋訳（英治出版）
『脳はなにかと言い訳する〜人は幸せになるようにできていた⁉』池谷裕二著（新潮社）
『単純な脳、複雑な「私」』池谷裕二著（ブルーバックス／講談社）
『進化しすぎた脳』池谷裕二著（ブルーバックス／講談社）
『「怒り」のマネジメント術』安藤俊介著（朝日新聞出版）
『はだかの王さま』アンデルセン著／バージニア・リー・バートン絵／乾侑美子訳（岩波書店）
『日経サイエンス』2014年5月号「特集　無意識のわな」（日経BP社）掲載論文
・「意思決定の心理学」（J・A・バージ著）
・「ステレオタイプ脅威」（E・ヤング著）
・「アインシュテルング効果」（M・ビラリッチ、P・マクラウド著）

守屋智敬　Tomotaka Moriya

株式会社モリヤコンサルティング 代表取締役
リーダーシップコンサルタント
いわて復興ツーリズム推進協議会のメンバー
一般社団法人日本アンガーマネジメント協会アンガーマネジメントアドバイザー。

◎大阪府生まれ。神戸大学大学院修士課程修了後、都市計画事務所に入所。地域再開発計画のコンサルティングや地域振興プロジェクトに従事。1999 年人材系コンサルティング会社の立ち上げ期に参画、経営戦略策定、組織開発プログラムを通したリーダーシップ研修を数多く提供。2015 年株式会社モリヤコンサルティング設立。
◎「ひとりひとりが自分の人生のリーダー」という考えのもと、共感を大切にするリーダーの育成をはじめ、経営層や管理職などを対象に、2万人以上のリーダー育成に携わる。
◎2012 年より、復興庁の"新しい東北モデル事業"の一環として、被災地におけるリーダーシップ研修のプログラム開発を支援。いわて復興ツーリズム推進協議会のメンバーとして、復興支援に携わる傍ら、現在も、復興地東北をめぐり出会いに学ぶ「いのちてんでんこツアー」を主宰。
◎著書に、「シンプルだけれど重要なリーダーの仕事」（かんき出版）、「導く力　自分をみつめ、自ら動く」（KADOKAWA）がある。
◎公式ホームページ　http://www.moriyatomotaka.com

あなたのチームがうまくいかないのは
「無意識《むいしき》」の思《おも》いこみのせいです
信頼《しんらい》されるリーダーになるたった1つのこと

2017 年 11 月 1 日　第 1 刷発行

著　者　守屋智敬《もりやともたか》
発行者　佐藤　靖
発行所　大和《だいわ》書房
東京都文京区関口 1-33-4
電話　03-3203-4511

カバーデザイン　坂川朱音（krran）
本文デザイン　荒井雅美（トモエキコウ）
編集協力　古田靖
本文印刷　厚徳社
カバー印刷　歩プロセス
製本所　ナショナル製本

ISBN978-4-479-79613-8
乱丁・落丁本はお取り替えいたします。
http://www.daiwashobo.co.jp